中国大学校友创新创业采风丛书

百川赴海

四川大学校友创新创业风采录

白　鹏◎主编

BAICHUAN FUHAI

SICHUAN DAXUE XIAOYOU
CHUANGXIN CHUANGYE FENGCAILU

四川大学出版社
SICHUAN UNIVERSITY PRESS

图书在版编目（CIP）数据

百川赴海 ：四川大学校友创新创业风采录 / 白鹏主
编 ． 一 成都 ：四川大学出版社，2022.4
ISBN 978-7-5690-5410-1

Ⅰ．①百… Ⅱ．①白… Ⅲ．①四川大学－校友－创业
－案例 Ⅳ．① F249.214

中国版本图书馆 CIP 数据核字 (2022) 第 050032 号

书　　名：百川赴海：四川大学校友创新创业风采录
　　　　　Baichuan Fuhai: Sichuan Daxue Xiaoyou Chuangxin Chuangye Fengcailu
主　　编：白　鹏

选题策划：宋彦博　李畅炜
责任编辑：宋彦博
责任校对：张艺凡
特约编辑：胡羊瑞雪
装帧设计：墨创文化
责任印制：王　炜

出版发行：四川大学出版社有限责任公司
　　　　　地址：成都市一环路南一段 24 号（610065）
　　　　　电话：（028）85408311（发行部）、85400276（总编室）
　　　　　电子邮箱：scupress@vip.163.com
　　　　　网址：https://press.scu.edu.cn
印前制作：四川胜翔数码印务设计有限公司
印刷装订：四川盛图彩色印刷有限公司

成品尺寸：170mm×240mm
印　　张：10.5
字　　数：141 千字

版　　次：2022 年 6 月 第 1 版
印　　次：2022 年 6 月 第 1 次印刷
定　　价：40.00 元

本社图书如有印装质量问题，请联系发行部调换

四川大学出版社
微信公众号

目　录

誓为中国原创药事业贡献一生

——记川大校友鲁先平

> "选择了做原创药这条路，就意味着每一天都在试错，每一个'错'都会提供一个新的信息，把我们引向新的方向，让我们不断接近'漏斗的底端'。体会曙光乍现那一瞬间的激动与惊喜，正是科研的乐趣所在。"

【人物小传】

鲁先平，第三届深圳市科技专家委员会委员，深圳市科学技术协会第六届委员会常务委员，深圳市国民经济和社会发展第十四个五年规划专家委员会委员，清华大学高级访问学者，深圳大学特聘教授，深圳市坪山区生物产业发展咨询委员会高级顾问，深圳市生命科学与生物技术协会副会长，深圳市成都商会会长，同写意新药英才俱乐部理事，百华协会（The BayHelix Group）会员，四川大学全球校友创业家联谊会常务理事及生物医药联谊会名誉会长，被誉为"中国原创抗癌药物第一人"。

鲁先平于 1963 年 2 月出生于四川成都，1983 年获四川大学生物化学专业学士学位，并分别于 1986 年、1988 年获中国协和医科大学（现北京协和医学院）肿瘤研究所生物化学硕士和肿瘤生物学博士学位；1989 年赴美国加州大学圣迭戈分校（UCSD）医学院药理系做博士后研究；1994 年参与创建了位于加州圣迭戈的 Maxia 药物公司和 Galderma Research 生物技术公司。

2001 年，鲁先平带领团队回国创业，落户深圳，创立深圳微芯生物科技股份有限公司，从事原创小分子药物研发工作。2015 年 3 月，他领导团队研制的中国原创抗肿瘤药物西达本胺（Chidamide）正式上市并大获成功，他也因此获得中美生物医学与制药专业协会（SABPA）颁发的首届太平洋生命科学成就奖、2015 中国医药创新最具影响力创新人物奖等荣誉。

20 世纪末，改革开放正如火如荼地进行。随着经济水平的不断提升与综合国力的逐渐增强，我国不少行业正在经历由仿制向创新的转变，有着巨大的市场潜力与发展机遇。深圳，作为经济特区，有着优越的地理位置、深厚的创业沃土，不仅有专门的政策、法律、税收优惠等支持，而且市场经济活跃，利于创新。大批企业不断涌入，使深圳发展迅猛。由鲁先平创立的微芯生物科技股份有限公司就是在这样的大背景下落户深圳的。

当时，在改革的春风中，虽然很多产业都在快速发展，但是医药产业却发展缓慢：信息滞后，人员短缺，原创药研发领域几乎是一片空白。与其他国家相比，我国有世界上数量最多的制药企业，达7000多家；我国的制剂生产能力居全球第一，原料药生产能力居全球第二，但是盈利水平非常低。因为国内绝大部分医药企业都在用低端、低廉的模式做仿制药；大部分原创药研发机构，包括高等院校，也将主要精力放在仿制药领域。我国自主研发的一些原创药，往往只是对药品的化学结构做了部分修改，它们虽然有专利保护，但是作用机制、分子结构跟原创药相差不大，在临床应用上并没有创新。究其根本，是因为原创药的研发周期长、成本高、风险大，很多制药企业不愿意做或无能力做。而那时的外资制药企业，以合资的方式进入中国，建立起一种全新的研发、品牌、商业和学术推广的模式，对中国药企的发展产生了极大的冲击。

在太平洋的另一边，很多优秀的华裔医药科学家已经成长并成熟起来，鲁先平便是其中一个。

鲁先平自幼便常常看到人们被疾病困扰，被病魔打败，从小就树立了帮助人们摆脱疾病困扰的远大理想。因此，在川大求学时，他选择了生物化学专业。在川大包容的学术环境中，他学会了自由思考，形成了独立思维，并注重培养自身的人格魅力和人文精神。专业课程的学习，为他用多学科多手段解决问题奠定了坚实的基础；排球、足球和田径等兴趣爱好，培养了他坚韧不拔的意志和团队精神。

在川大的前身锦江书院，有这样一副对联："有补于天地曰功，有益于世教曰名，有精神之谓富，有廉耻之谓贵；不涉鄙陋斯为文，不入暧昧斯为章，溯乎始之谓道，信乎己之谓德。"鲁先平以此为训，他深知每个人只有坚守自己的理想，才能实现自己的价值，这为他日后选择走上制药救人的道路并一步一个脚印地走下去奠定了基础。后来，他远赴美国深造，为的就是有朝一日可以实现自己的理想。在后来的一次回忆中，他说："我们（19 世纪）60 年代（出生）的人有一个共同的特点，就是在我们的人生中，贯彻着一个很朴素的想法：无论我现在的国籍是什么，无论我在世界的哪个角落，我们永远都希望用个人所学去回报帮助我们成长的祖国和人民。"

与此同时，远在北京的程京也在为祖国的医药事业发展不断努力。1998 年的一天，远在大洋彼岸的鲁先平给程京打了一个电话，在通话中两人的想法不谋而合。2000 年，已回到清华大学的程京博士，与当时在美国生命科学领域羽翼渐丰、已有所建树的青年博士鲁先平、宁志强、石乐明、胡伟明一起，聚集在全球生物医药领域研究水准最高、创建生物技术企业最为活跃的加州圣迭戈，开始他们的首次头脑风暴。在这次聚会中，几人相谈甚欢，他们怀着用自己的一技之长为祖国做出应有贡献的热情，确立了用世界上最先进的生命科学技术在中国快速有效地开发安全优效的原创药的目标，并计划通过创建新型生物技术公司来实现这一目标。他们迅速投入实际行动中，走上了创业的"征途"。

天行健，君子以自强不息

确定了"回到祖国研制中国人自己的原创药"这一目标后，鲁先平与四位伙伴便开始了前期的准备工作。这几位海归博士都在各自的领域摸爬滚打了很多年，有成熟的药品研发经验与公司管理经营经验，所以很多事情做起来得心应手，就像撒在土里的种子，随时等待生根发芽一样。

对于原创药的研发工作，他们清楚地知道其"三高一长"的特征，那就是高风险、高回报、高投资、长周期。而且原创药的研发成功率仅为十万分之一，所以他们必须为自己的成功研发积攒最重要的筹码——创建"基于化学基因组学的集成式药物发现及早期评价平台"（简称"化学基因组学平台"），用来评价和筛选最具有可行性的药物，降低研发风险。这个平台基于计算机辅助药物设计、药物及组合化学、高通量高内涵药物筛选、化学基因组学基因表达谱研究、生物信息学和化学信息数据挖掘等多项技术建成，正所谓"工欲善其事，必先利其器"，这个平台就是他们成功研制原创药的第一步。紧接着，他们进行了一场声势浩大的融资活动，吸引了国内外40多家投资机构前来投资。经过讨论和筛选，他们最终选择了6家投资机构，成功融资600万美元。这在当时是一笔不小的投资。

融资成功后，鲁先平就告别了妻儿，与几位志同道合的好友一起，怀着一颗赤子之心回到祖国，准备创办企业，开始原创药的研发工作。那时的中国正处于改革开放的好时候，鲁先平和他的团队又

鲁先平生活照

都是行业内的精英，可谓天时、人和都有了，就差一个地利。接下来他们要做的，就是选择公司的地址。多年的工作经验告诉鲁先平，公司必须设在一个有利于募集资金，而且由市场经济占主导地位的地方。因为原创药的研发需要高投入，所以资金是他们首先要考虑的问题。此外，政策环境也很重要，这正如种子需要合适的温度、湿度才能发芽成长。经过一番考量，鲁先平决定将公司设在深圳，因为深圳作为经济特区，有非常完善的资金、政策条件，更重要的是深圳有开放的文化氛围与优美的地理环境，是个进行原创药研发的好地方。

2001年3月，深圳微芯生物科技股份有限公司正式成立了。

鲁先平为什么要给自己的公司起名为"微芯"呢？他是这样说的："微"就是微小、细微，而"芯"则代表了事物的核心。"微芯"要做的就是填补中国在原创药领域的空白，围绕专利和创新药物的核心竞争力，低调做研发，汇聚微小的力量，为中国医药事业带来质的飞跃。"微芯"的另一个含义是利用微阵列芯片进行药物早期筛选，这正是公司核心技术体系中的重要一环。"微芯"这一名称既体现了公司先进的科学理念，又体现了创始人对祖国的热爱、对原创药研发的信心。

鲁先平清楚，成功不会一蹴而就。就原创药的研发来说，科学、商业、资本、市场和团队必须紧密地结合起来，这五个要素缺一不可。他每走一步都必须小心翼翼，就像在高空中走钢丝一样。他不知道自己能否成功，未来的路还很长，他唯一能做的就是一步一个脚印，脚踏实地地攻克一个个难关。

经过了上万次的实验和数据分析整合，鲁先平和他的团队完善了"化学基因组学平台"，使这个平台真正能在药物研发早期辅助他们做出科学合理的判断，进而预判药物的研发可行性，将开发时间和成本降至最低。这也成为微芯的核心技术优势，即尽早舍弃那些不可能成功的研发，缩短研发时间。功夫不负有心人，两年后，这一平台正式投入使用，为微芯日后成功研制出抗肿瘤药物西达本胺奠定了坚实的基础。它的成功不仅对开发具有我国自主知识产权的原创药物靶点和治疗药物具有重要意义，更改变了我国创新药物研究的落后局面，吸引了全球的目光，使微芯进入全球领先行列，也为微芯吸引了不少国际伙伴。

有人佩服鲁先平的胆识与作风，也有人质疑他的选择，还有人暗地里为他捏把汗，但鲁先平是这样说的："我们的团队是专业的，用专业的人做专业的事，总是没错的。就像高空走钢丝，在外人看来既惊且险，但专业人士却能在钢丝上做到尽情表演。我们的技术可以支持我们做到这一点，让公司最大限度地控制原创药的开发风险。"事实证明鲁先平是对的，"化学基因组学平台"不仅降低了微芯研发原创药的风险，而且帮助了其他企业和科研单位，这其中包括中国人民解放军军事医学科学院、美国食品药品监督管理局（FDA）下属机构国家毒理研究中心、罗氏中国等。2013年，"化学基因组学平台"被应用于中国人民解放军军事科学院高月教授领导的科研项目，该项目荣获2013年国家科学技术进步奖一等奖，微芯作为该项目的参加者也一同获得了此项殊荣。

一切都进行得非常顺利，在鲁先平的带领下，微芯团队很快便确立了研发方向，发现了颇具前景的苯酰胺类化学结构。他们对这个全新的小分子进行了各方面的研究，包括作用机制研究、合成的可行性研究、体内外活性评价、稳定性

鲁先平工作照

测定等。经过几轮循环研究，以及对得到的先导物的不断优化，他们终于得到了理想的临床前的全新苯酰胺类结构——西达本胺。这是一个新分子实体（NME）结构。它是一种酶类抑制剂〔作用于组蛋白去乙酰化酶（HDAC）〕，但又不同于其他类型的酶类抑制剂：其他类型的组蛋白去乙酰化酶抑制剂是与组蛋白去乙酰化酶口袋中的锌原子结合而发挥作用，西达本胺则是通过靶向作用于活性口袋的狭窄区域，阻止蛋白质之间的相互作用，从而达到抑制效果。西达本胺独特的作用机制使它与传统的化疗和靶向药物区别开来。它选择性地抑制

与肿瘤发生、发展密切相关的第Ⅰ类组蛋白去乙酰化酶，通过特定区域染色质重塑来实现其靶向抗肿瘤作用。这一作用机制被称为表观遗传调控机制，开启了肿瘤治疗的新模式。

鲁先平没有因自己的发现而骄傲自满，他知道这仅仅是开始，他们目前的成果只是西达本胺表观遗传调控机制作用的冰山一角，他们必须继续冷静、执着地研究下去。

几十年来，人们一直认为基因决定着生命过程所需要的各种蛋白质，决定着生命体的表型。但随着研究的不断深入，科研人员发现了一些与经典遗传学相悖的现象，例如，同窝出生的纯种小鼠毛色不同，同卵双胞胎对疾病易感性存在差异，克隆动物效率低下等。显然，这些差异并不是DNA序列不同造成的，即在相应的基因碱基序列没有发生变化的情况下，一些生物体的表型却发生了改变。科学家们还发现，在这种不影响DNA序列的情况下改变基因组的修饰，不仅可以影响个体的发育，而且具有遗传性。这使科学家不得不以一种全新的视野来理解生命现象——表观遗传学（Epigenetics）。鲁先平和他的团队经过长期反复的研究，逐渐摸清了其中的脉络。肿瘤表观遗传学机制贯穿肿瘤发生、发展的整个过程，表观遗传改变和遗传变异共同决定了肿瘤的诸多重要特性，包括异质性、可塑性、干细胞样、免疫逃逸等。这些特性是肿瘤耐药、转移和复发的内在原因，是肿瘤难以治愈的根源。很显然，体内遗传改变的逆转很难实现，而表观遗传改变却能够被逆转。表观遗传调控剂类药物通过逆转与肿瘤生长相关的表观遗传模式，靶向于多细胞、多条信号传递通路，从而发挥整体抗肿瘤疗效，是肿瘤治疗领域中新的有效治疗手段。西达本胺正是通过对相关HDAC亚型的抑制及由此产生的基因表达改变，抑制肿瘤细胞周期进程，诱导肿瘤细胞凋亡。同时，西达本胺对机体抗肿瘤细胞免疫功能具有整体调节活性，具体表现为可以增强自然杀伤细胞（NK）和细胞毒 T 细胞（CTL）介导的肿瘤杀伤作用，以及对肿瘤相关慢性炎症过程的抑制作用。此外，西达本胺具有诱导肿瘤干细胞分化、逆转肿瘤细胞的上皮间充质表型转化（EMT）等功能，进而在恢复耐药肿瘤细胞对药物的敏感性和抑制肿瘤转移、复发等方面发挥潜在作用。

鲁先平和他的团队为西达本胺起了一个颇有意义的商品名——爱谱沙（Epidaza）。这是微芯孕育的第一个"孩子"。其英文名"Epidaza"是一个组合词，"Epi"为表观遗传学对应的英文单词"Epigenetics"的前 3 个字母；"Da"寓意着这是全球第一个苯酰胺类的组蛋白去乙酰化酶抑制剂（HDACi），同时它也是西达本胺（Chidamide）的中间音节；"Za"揭示了"Epidaza"的作用机制，这是类似作用机制的小分子药物的常用词尾。在中文名"爱谱沙"中，"爱"寓意了微芯"持续创新，以拯救健康为己任"的大爱；"谱"与"普"同音，寓意了微芯致力于开发效优价平的抗癌药物，普惠广大中国病患，并谱写肿瘤治疗历史的新篇章；"沙"与"杀"同音，特指爱谱沙是杀灭癌细胞的小分子原创化学新药。

鲁先平用自己的脚步一步一步丈量出来的原创药开发之路，也体现了他与病魔做斗争的决心，以及一名原创药研发科学家的"药者仁心"。此后，微芯研发的每款新药的英文名称都以"Chi"打头，一语双关，寓意中国（China）和微芯（Chipscreen）。

雄关漫道真如铁，而今迈步从头越

孟子曰："天将降大任于是人也，必先苦其心志，劳其筋骨，饿其体肤，空乏其身，行拂乱其所为，所以动心忍性，增益其所不能。"2005 年注定是鲁先平难忘的一年，这一年是风云变幻的一年，是商业趋势最难以预测的一年，也是他创业历程中最关键的一年。他与微芯走到了一个岔路口，选对了就是鹏程万里，选错了就是一切归零。

2005年是鲁先平归国创业的第四年，当时微芯已经顺利建成了新药研发筛选评价平台，并且发现了新分子实体西达本胺。同年11月，微芯向国家食品药品监督管理局（CFDA）提交了西达本胺的临床研究申请（IND）。当时，根据我国新药注册审批制度，审批时间需要6个月。这成了鲁先平最头疼的事情，因为原创药的研发是一个大工程，是一个非常"烧钱"且非常耗时的过程。一种新药从开始研发到成功上市，一般需要10～15年的时间，平均需耗费约10亿美元。每天都在数以万计地"烧钱"，拖得越久，对微芯的发展就越不利，而且此时微芯的资金状况已经不容乐观。但是鲁先平没有怨天尤人，而是积极配合审批，帮助药监系统草拟一些新药技术评价规范，推动我国药监体系向更好的方面发展。在国内专家对西达本胺尚持怀疑态度的时候，鲁先平抱着电脑挨个去介绍研究成果。在他的不懈努力下，专家们的态度渐渐从"只给10分钟"转变为"听了2个小时"。回想起这些事，鲁先平的脸上没有一丝怨气，只是非常平淡地娓娓道来。他说现在这一状况得到很大改善，环境好多了，政府的支持力度也加大了，一切都在向着更好的方向发展。

有的人之所以被人们称为成功人士，不仅仅是因为他们所做的贡献，还包括他们经历苦难时所表现出来的沉着冷静与杀伐决断。新药临床Ⅰ期审批报上去没多久，鲁先平最害怕的事情来了：他们的资金链出现了问题。第一轮顺利融到的5000万元资金已经所剩无几，他们必须开始第二轮融资。然而，当时我国的融资政策与经济水平虽然在不断发展，但还远远达不到鲁先平所期望的水平。由于一些政策和宏观原因，公司在深圳上市的计划没有实现，很难再获得资金支持。没有资金支持，研发就没办法进行下去。雪上加霜的是，当时公司内部的股东间也产生了一些分歧，有人不理解鲁先平的想法和做法，因为公司自创建以来一直都处于亏损状态。看不到利润的老股东们开始动摇，他们对微芯一系列清晰而重大的研发进展不以为然，坚持要退股。由于资金链断裂，原创药的研发工作面临停滞，这是鲁先平最不愿意看到的事情。"说什么也不能耽误药品的研发!"鲁先平开始四处寻找投资。他每天披星戴月，抱着资料与电脑穿梭在各个风险投资公司之间，但收效甚微。投资人都不愿意冒这么大的风险，所有人都夸赞鲁先平做的是一件非常伟大的事，但又都觉得他注定会失败。

但鲁先平始终没有忘记自己的初心。从小喜欢摄影与旅行，期望不断探索未知世界的他，16 岁考入四川大学生物化学专业，本科毕业后怀揣着制药救人的理想与追求到中国协和医科大学深造，拿到博士学位后又赴美国加州大学圣迭戈分校进行博士后研究。这一路走来的经验告诉他，现在放弃还太早。于是，他怀着科学家的乐观精神，整理好思绪后又继续出发。但是无情的现实又一次向他发起挑战：由于资金迟迟没有到位，当初共同创业的五个人中，有两位因为经济压力与家庭原因不得不选择了离开。这让鲁先平感受到前所未有的压力。那段时间，他经常一个人跑到酒吧里，点上一支雪茄，"闹中取静"，思考对策，一坐就是半天。鲁先平始终觉得，是川大赋予他的坚守精神，让他坚持了下来。他先从自己做起，将包括他在内的团队人员的工资待遇降到原来的一半。当时，中国医药行业最受资本追捧的是外包模式，即合同研究组织（CRO）。眼看第二轮融资计划遥遥无期，投资人要鲁先平做出选择，要么公司直接清算，要么改做现金流更好的外包服务。但在鲁先平看来，CRO 不是他作为一名科学家的理想。"我放弃美国的生活，离开家人回中国创业不是为了做CRO。"鲁先平的态度很坚决，"我要做中国自己的原创新药。"

为了给自己"造血"，2006 年，微芯决定将其正在研发的西达本胺在国外进行专利授权，以帮助企业尽快获得资金支持。这是无奈的选择。对微芯来说，如果能在药物研发进入临床阶段后再进行授权，谈判筹码会大大增加；而此时药物研发风险依然较大，微芯能够获得的收益自然要大打折扣。但当时的实际情况是，必须先生存下来，因此找到"资本接力棒"成为微芯的首要任务。"第一个吃螃蟹的人总是要付出代价的，如果现在才授权，盈利可能会有 10 亿美元。"鲁先平后来回忆时说。尽管有遗憾，但这次授权确实让企业活了下来。

按照鲁先平的设想，将尚处于临床试验前的西达本胺进行国外专利授权，不仅能更快地实现西达本胺的全球推广，更现实的意义在于，可以尽快获得资金支持，并且合作伙伴可以和微芯一起承担前期风险。这虽然不是鲁先平创办微芯的初衷，却是现实环境下最好的选择。于是鲁先平带领他的团队，同时与几家全球性的制药企业谈判。鲁先平深深记得，在 20 世纪 70 年代的青蒿素专利上，中国医药企业曾吃过"暗亏"：那时，中国研制出了治疗疟疾的青蒿素，却由于缺乏产业化能力，最后只能将专利转让给瑞士诺华公司（Novartis）。现如今，中国企业只能在青蒿素市场扮演原料药供应商的尴尬角色。所以，为免重蹈覆辙，鲁先平提出："不管与哪个企业合作，首要条件是微芯只授权专利（即允许被授权人使用其权利，知识产权还在原有权利人手里），而非转让专利。"在经过多方考量后，鲁先平与他的团队最终选择了与神经生物学家米莱依·吉林斯（Mireille Gillings）创建的位于美国圣迭戈的沪亚生物技术公司（HUYA Bioscience）合作。2006 年，在一次国际生物技术研讨会上，米莱依·吉林斯第一次见到了鲁先平，这位嗅觉敏锐的西方企业家意识到一轮创新浪潮即将到来，而中国很有可能站到浪潮前沿。她决定利用这个机会成就一番事业。沪亚生物技术公司的目标只有一个，就是要率先在中国找到创新型疗法，协助中国把创新型疗法带到美国进行临床开发，并且在全球寻求合作和分销。这与鲁先平一行人的想法不谋而合。2007 年 3 月，微芯正式授予沪亚生物技术公司抗肿瘤化合药物西达本胺在中国以外地区的国际专利使用权，并成功完成第二笔 8000 万元的融资。

拨开云雾见天日　守得云开见月明

在做足了一切准备、解决了各种难题后，鲁先平和他的团队终于迎来了事业的春天：他们申请的西达本胺 I 期临床试验终于在 2006 年 11 月获得了国家药品食品监督管理局的正式批准。随后，鲁先平与他的团队积极配合临床医生开展试验。试验结果显示，西达本胺具有较好的人体药代动力学和药效动力学参数，在患者耐受性良好的前提下，对非霍奇金淋巴瘤（NHL），尤其是对 T 细胞淋巴瘤具有较好的客观疗效。

西达本胺片

外周 T 细胞淋巴瘤（PTCL）是一组起源于成熟 T 细胞（或称胸腺后 T 细胞），具有高度异质性的非霍奇金淋巴瘤疾病总和，根据疾病临床表现、形态学、分子标记及预后等特点可分为多种亚型。其中，绝大部分亚型属于侵袭性淋巴瘤，目前缺乏标准治疗方案，5 年总生存期（OS）率约为 26％。

2009 年 2 月 10 日，国家食品药品监督管理局批准了西达本胺以淋巴瘤为适应证的 II/III 期临床试验。微芯立即开展了西达本胺以 T 细胞淋巴瘤为适应证的 II 期临床伴随药代动力学试验。由于外周 T 细胞淋巴瘤归属罕见病范畴，而当时中国没有关于罕见病的定义，也缺乏针对罕见病临床试验的指导原则，鲁先平和他的团队充分参考了国际罕见病药，特别是类似作用机制或相同适应证罕见病药物的临床试验设计（目前欧美地区已上市的罕用药在上市前进行的多为单臂、无对照的临床试验），并与药政管理和技术指导机构进行了多次沟通和确认，制订了西达本胺的关键性Ⅱ期临床试验方案。2010 年 12 月 8 日和 15 日，国家药监部门两次召集微芯研究人员，就其相关申请举行圆桌会议。随后不久，西达本胺治疗外周 T 细胞淋巴瘤临床试验由常规Ⅱ期转为注册Ⅱ期，获得国家食品药品监督管理局药品审评中心（CDE）的认可和通过。该中心还就试验设计和疗效指标的相关设定给出了指导性建议和意见，包括：确定了主要疗效指标的设定值，在原Ⅱ期临床试验方案的基础上增加两个次要疗效指标，制定独立影像学评估专家委员会以及成立独立数据安全管理委员会等。

2012 年 9 月，西达本胺治疗外周 T 细胞淋巴瘤临床试验结束。同年 12 月，临床总结会召开。

2014 年 12 月，西达本胺获得国家食品药品监督管理总局一类新药的批文。

2015 年 3 月，西达本胺正式上市销售。鲁先平和他的团队历经 14 年的风雨洗礼，终于成功地研发出了中国的抗肿瘤原创药，并赢得了世界的掌声。

2019 年 11 月，西达本胺获国家药品监督管理局（NMPA）批准联合芳香化酶抑制剂用于激素受体阳性、人表皮生长因子受体-2 阴性、绝经后、经内分泌治疗复发或进展的局部晚期或转移性乳腺癌患者，首次确证 HDAC 抑制剂联合其他靶向药物可有效改善肿瘤耐药，成为全球首个以实体肿瘤为适应证获批的表观遗传调控机制类药物。

2021 年 4 月，西达本胺治疗外周 T 细胞淋巴瘤的新药上市申请获日本药品和医疗器械局（PMDA）受理，这是西达本胺在日本递交的第二个适应证的新药上市申请。

2021 年 6 月，西达本胺治疗成人 T 细胞白血病（ATL）的上市申请获日本 PMDA 批准，这是中国首个原创新药在海外获批上市。同时，西达本胺单药及联合其他抗肿瘤药物针对其他血液肿瘤、实体瘤及艾滋病病毒（HIV）的临床研究正在我国及美国、日本等国家和地区同步开展。美国已完成 I 期临床研究及联合 PD-1 等的针对实体瘤 II a 期临床研究；日本已完成 I 期临床试验，并完成 PTCL＋成人 T 细胞白血病/淋巴瘤（ATLL）罕用药申请。同时，我国台湾正在进行西达本胺治疗外周 T 细胞淋巴瘤上市申请工作并获准进入乳腺癌 III 期临床试验，这是西达本胺继外周 T 细胞淋巴瘤之后在台湾开发的第二个适应证。我们期待西达本胺未来的研究工作能够给患者带来更好、更持续的疗效和更多临床获益。

同时，微芯生物公司多条新药产品线的临床前及临床研发也获得重大进展：西格列他钠是全球首个针对 2 型糖尿病患者胰岛素抵抗及伴随心血管风险的原创药，已完成临床研究和现场核查，等待获批上市；西奥罗尼是新型三通路靶向抗肿瘤药物，被国家药品监督管理局药品审评中心纳入治疗卵巢癌适应证的"突破性治疗品种"；西奥罗尼治疗小细胞肺癌关键性 III 期临床试验申请获国家药品监督管理局批准。

路漫漫其修远兮，吾将上下而求索

医药产业是非常特殊的产业。医药产业的价值在于通过科学研究发现能够治病救人的药品，从而让更多家庭更幸福。这种价值不能用金钱衡量。鲁先平说："我们的创业目的和人生目的一样，就是希望有一天凭借我们的才能找到一种创新药去帮助患者。"因此，每当取得原创药的关键数据，他们都很兴奋。药物研发每一个阶段的成果，都让他们感到非常兴奋和自豪。他们明白这种努力是值得的，这也是他们选择这个职业的原因。

二十年来，微芯始终秉承"药品作为一种特殊商品，关系人命，应立足于科学而非政治、宗教和商业利益"的理念，主动承担起企业的社会责任。西达本胺上市后，微芯对外周 T 细胞淋巴瘤患者开展了后续免费用药项目和慈善捐赠项目，至今已累计援助患者近千名，援助药品价值超过一亿元人民币，实现了公司将创新科技成果转化为造福中国患者的初衷。

目前，微芯已实现全球化产业布局，拥有深圳微芯药业有限责任公司（深圳总部/研发中心/GMP 生产基地）、成都微芯药业有限公司（成都区域总部/研发中心/GMP 生产基地）、北京分公司（临床研究中心）、上海分公司（商业中心）及微芯生物科技（美国）有限公司等多家子公司。同时，作为国家首批"创新药物孵化基地"、国家高新技术企业，公司独立承担数十项国家"863""十五""十一五""十二五"及"十三五"国家重大科技专项及"重大新药创制"项目，累计申请境内外发明专利 200 余项，90 余项已获授权。立足深圳、辐射全国、面向全球的微芯，已成为制药行业中原创药领军企业，并不断为中国医药创新强国之路探索经验。习近平总书记曾指出："创新是一个民族进步的灵魂，是一个国家兴旺发达的不竭动力，也是中华民族最深沉的民族禀赋。""在激烈的国际竞争中，惟创新者进，惟创新者强，惟创新者胜。"当前，我国真正拥有自主知识产权的原创药还很少，但我们相信，在"大众创业，万众创新"的浪潮中，原创药企业将迎来发展的春天，中国将涌现出更多原创药企业和创新团队。同时，微芯也将坚持"原创、安全、优效、中国"的发展理念，继续阔步向前……

企业家语录

我们的想法很简单，就是要改变中国原创药产业的现状。

创新药的研发就是在"走钢丝"。新疆"高空王子"阿迪力可以在两座高山之间走钢丝。这是一个超高风险的行为，其他人一上去就会掉下来，但阿迪力懂得驾驭风险、控制风险。

微芯是原创新药领域的"冲浪者"，因为我们懂得全基因组表达、计算机辅助结构设计、基于信息学的数据挖掘，从而得到强有力的预测性数据。即使我们的成功率只增加50％，那也意味着我们成药的机会就比别人多一倍，花的钱会远比别人少。

我的想法很朴素，就是用个人所学回报生我养我的故土。通过科学智慧去治病救人是我最大的成就。

对于药企发展来说，开放包容的环境、自由的空间是很重要的。大学的人才培养，应当实现学习模式的改变，本科是通识教育，研究生是专业教育。应该给学生更多的发展方向。学生还要对自己的发展有科学合理的规划，为未来做好准备。

《韩非子·说林上》："圣人见微以知萌，见端以知末。"明智的人善于见微知著，往往见到事情的苗头，就能知道它的实质和发展趋势，从而做出科学的论断。我们所有冒险的探索其实都有强大的科学基础和行业数据作支撑，我们敢于去做原始创新是因为有科学的基础和团队的历练。

其实我们只想坚持做一件事，就是去满足那些尚未得到满足的临床需求，这些需求往往是针对疑难杂症、慢性疾病的，需要一种新机制的原创药。原创药的开发风险最大，周期也最长，但品种独特，竞争也最小。于是我们设立了目标：以自主知识产权为核心，开发针对重大疾病，有全球专利保护和独特临床效果的创新小分子药物。

在生物医药领域，拥有核心技术和专利发明非常重要。因为只有独立研发，获得核心的专利技术，我国医药企业才有希望摆脱一直"仿制"和单纯靠价格战来赢得市场份额的命运。

他人眼中的鲁先平

中国制药业也有"两弹一星"，鲁先平博士就是我们药学领域的"两弹一星人物"之一。

——北京大学周德敏教授

创业的过程是艰辛的，让我坚持下来的是鲁先平的人格魅力。他的能力、人品、价值观、待人接物的修养、处变不惊的态度、善于接受不同意见的开明……都是我由衷敬佩他的地方。他常常跟我们说，做事情一定要真实，因为做创新类的产品，就是要加强规范性和真实性。

这方面，鲁先平带领团队做得非常好。第一，尊重科学，科学是真实；第二，高瞻远瞩，科学地预判发展方向；第三，坚定信念，做一件事情不动摇，踏实地走每一步。

——李志斌博士 微芯生物副总经理

鲁先平是一个非常理性的人，聪明，悟性高，遇事能扛得住。他理性，我感性，我们很互补。

——宁志强博士 微芯生物联合创始人之一、副总经理鲁博士非常具有亲和力，同时也很有担当，在他的带领下，团队充满凝聚力。而且鲁博士思维活跃，总是能够打破常规、另辟蹊径，去解读和解决遇到的难题。尤其跟科学有关的，他总是能预见得很长远。

鲁博士是一个务实的人，绝不做机会主义的事情。他总是会从行业的高度，站在一个公司的整体角度来看问题。每次他做报告分享的都是引领行业的东西，非常精彩。

同时，鲁博士在摄影方面也有造诣。我尤为欣赏这一点，我认为真正优秀的人是触类旁通、多才多艺的，因为艺术跟科学、管理在某些方面是可以相互影响的。

——赵疏梅　微芯生物副总经理

结　语

"横眉冷对千夫指，俯首甘为孺子牛。"鲁先平立志将自己的一生都奉献给中国原创药事业，为的就是将自己的全部所学献给祖国，帮助更多的老百姓摆脱疾病的缠累。他为祖国的医药卫生事业默默耕耘着，挥洒着自己的汗水。他用实际行动证明了自己：用脚步丈量初心，用汗水推动成长，用智慧书写奇迹，用 14 年的时间成功研制出治疗外周 T 细胞淋巴瘤的中国原创药西达本胺。这是一种筚路蓝缕的开拓，是一种苦心孤诣的探索，是一种质朴深沉的感情。在中国原创新药领域，他是一位不折不扣的颠覆者，在他温文尔雅、彬彬有礼的外表下，是一颗滚烫的赤子之心。如今，年近 60 的他，还在为中国原创新药事业继续努力前行着，相信他会走得更久更远。

行者无疆，最美的风景永远在路上

——记川大校友吕蔺强

> "创业需要'三坚'精神：坚信、坚持、坚韧。"

▌人物小传▌

吕蔺强，1962年12月出生于四川古蔺县，现任四川顺通实业（集团）有限公司董事长、海纳同创控股有限公司总经理、四川海纳新燃新能源科技有限公司董事长，兼任四川大学全球校友创业家联谊会常务副会长、四川大学全球校友创业家四川联谊会会长、四川大学教育基金会理事。

吕蔺强于 1979 年 9 月考入四川大学化学系，1983 年毕业后留校任教，1991—1993 年在四川省仪陇县人民政府挂职科技副县长，1993 年 10 月创立四川顺通实业（集团）有限公司。

2016 年 5 月，在母校四川大学的倡导下，在四川大学校友总会的领导下，吕蔺强联合一些志同道合的校友成立了全国乃至全球范围内第一个创业家性质的校友联谊会，即四川大学全球校友创业家联谊会（全球创联）。在此基础上，同年 9 月，他们发起成立了四川大学全球校友创业家四川联谊会（四川创联）。

越过高山，再大的困难都是过眼云烟

在四川南部与云南、贵州两省接壤的地方，有一个山清水秀、人杰地灵的小城，素有"国酿源泉"美誉的赤水河滋润着这片美丽的土地，这就是古蔺县。这里也被称作郎酒的故乡，自古就有"鸡鸣三省"之称。吕蔺强就出生在这个别有洞天的小县城里，在古蔺河边，听着河水叮咚，闻着酒香长大。夜阑梦回之时，记忆中的小县城，那山、那水、那河都时常浮现在吕蔺强的脑海里。

生于 20 世纪 60 年代初一个普通干部家庭的吕蔺强，家中有五兄妹，他排行第四。作为家中的长子，他懂事特别早，从小到大都是大家口中"别人家的孩子"：孝顺、懂事、成绩好……

在那个物资普遍贫乏的年代，吕蔺强跟同龄孩子一样经常打零工补贴家用。那时的学校和其他单位经常油印教材、讲稿等资料，而自小练习书法的吕蔺强写得一手好字，因此很多单位来找他帮忙刻蜡纸（俗称"刻钢板"）。小伙伴们都很羡慕他，开玩笑地说他"打的是文化工"。每次回忆起这段成长经历，吕蔺强都很怀念那些充满阳光的日子，虽然清苦，但苦中有乐，是人生中一笔宝贵的财富。

而今的吕蔺强事业有成，为人低调和善，嘴边常常挂着笑容。在父母眼中，他是一个讷于言敏于行的人，谋定而后动。在周围人眼中，他是一名儒商，深受中国传统文化熏陶，厚重少文，很少动怒，特别儒雅，对企业和社会都有着很强的责任心。

本来，他的人生轨迹会和大多数人一样——波澜不惊地度过一生。他的父母不求他为家做多大贡献，只求他做个对社会有用的人。大学毕业以后，吕蔺强留校任教，过着"书香飘枕，树影摇窗"的宁静日子，自成一统，悠然自得。他的父母对此备感宽心，觉得平平淡淡的日子挺好。后来，吕蔺强被组织委派到仪陇县挂职，他们也很支持，特别提醒他要为官一任造福一方，要多为社会贡献自己的力量。吕蔺强不负父母嘱托，为仪陇县的发展殚精竭虑，父母对此老怀大慰。

吕蔺强书法作品："书香飘枕　树影摇窗"

别样的生活往往不期而至。1992 年，吕蔺强正在仪陇县挂职当副县长，听到邓小平同志的南方谈话后，他大受鼓舞："在改革开放的大潮中，很多人白手起家都可以成为企业家，作为大学老师，掌握了专业技术的我更可以大有作为。"正如吴晓波在《激荡三十年》中所描绘的，"当这个时代到来的时候，锐不可当。万物肆意生长，尘埃与曙光升腾，江河汇聚成川，无名山丘崛起为峰，天地一时无比开阔"。过去的知识分子只有两条出路：要么从政，追求仕途的成功；要么教书、做研究，追求学术的成功。而改革开放的大潮，为读书人指明了一条新的道路，那就是做一个时代的弄潮儿，投身到中国社会的第二次伟大革命——改革开放中去，做自己的企业，实现自己的人生价值。于是，吕蔺强萌生了自己创业的想法。

1993 年 10 月，吕蔺强创立了成都飘迪实业公司，即四川顺通实业（集团）有限公司的前身。时光荏苒，吕蔺强在创业路上已经走过二十多个年头。经过多年发展，顺通集团的业务已经拓展到地产、石油化工、投资、医疗、酒业等领域。2017 年，顺通集团的营业收入达到 24 亿元。

在这二十多年间，吕蔺强始终不忘初心，商海的沉浮没有洗去他文人的情怀，反而不断涤荡着他的本心。曾经走过的路，经历过的事，看过的书，成就了今天的吕蔺强。他现在的人生态度特别淡定，也特别包容，他可以理解别人，也可以理解自己。

吕蔺强和脸谱化的企业家不一样，对他来说，觥筹交错只是职务使然，聚光灯下的辉煌更是过眼云烟，高谈阔论也仅仅是酒酣耳热后的闲话。他最大的爱好是书法和篆刻，最惬意的事莫过于燃一支香，研一碟墨，拈一支狼毫翰墨丹青，写下心中的感悟。每当回到自己的书斋，吕蔺强总能在风起云涌的商海之中，找到自己的一方天地，保留自己的一分宁静，而宁静则能致远。

"海纳百川，有容乃大"，提到自己的母校四川大学，吕蔺强特别有感触，尤其这八字校训，对他影响至深。一路走来，母校赋予了他太多的力量，恩师、同学、校友给予了他极大的支持，也寄予他沉甸甸的期盼。"这让我在前行的路上并不孤单。"吕蔺强回忆道。

这么多年来，吕蔺强彷徨过，也有过低谷，但他总是能够振作精神，坚定地走下去，在不断自我修正的同时寻找更加真实的自己。他看清了本心，看清了利益，看清了自己的路，更加坚信、坚定、坚持。

母校对自己的培育之恩，吕蔺强无一日有忘。为母校的发展尽自己一份绵薄之力，是他心中的夙愿。2016年5月，四川大学开创性地将全球校友创业家联系起来，成立了四川大学全球校友创业家联谊会（全球创联），吕蔺强在其中担任常务副会长。同年9月12日，四川大学全球校友创业家四川联谊会（四川创联）也正式宣告成立，吕蔺强当选为会长。

吕蔺强在四川创联的任职演讲中说："在新的历史起点上，校友们希望通过全球创联、四川创联等多个校友阵地，与学校和学院之间搭建起互帮互助、共赢共荣的桥梁，努力为母校建设世界一流大学、学院建设世界一流学科提供财力、人才、精力等支持，同时也希望母校和学院能够一如既往地关心校友们的发展，成为校友们加强交流联谊的信息港和进行终身学习的加油站。"

吕蔺强书法作品："百川汇海"

趁着年轻，今天把明天的太阳晒了，今天把明天的雨淋了

吕蔺强的创业之旅并不是一帆风顺的，也遇到过许多困难。但他总是相信，不经历风雨怎能见彩虹，每一次磨难都是成功路上的考验，每一段经历都是人生旅途的财富。

让吕蔺强印象最深的是创业之初的 1993 年。那一年的下半年，市面上出现了一款叫"飘迪 2188"的空气杀菌清新剂。这款通过四川省科学技术委员会科技成果鉴定的产品，属国内首创的空气杀菌清新剂，是吕蔺强和同学一起创业后打造的第一个项目。

在企业创办之初，从办理各种审批手续到厂房前期建设，再到实际投产，吕蔺强花费了很多时间。好不容易将产品生产出来后，由于吕蔺强对品牌营销、市场推广不熟悉，产品销路远远没达到预期。

"那时候的心理压力特别大，毕竟这是自己创业的第一个项目，身上还背负着那么多人的期望。"但天性乐观的吕蔺强挺住了，他把这些困难看作"天将降大任于是人也"的考验，坚定地向前看。那个时候，吕蔺强还住在川大，公司的厂房离川大有 10 多公里路程。他每天骑着一辆自行车，来往于川大和厂房之间，往返要耗费近 2 小时。在春天飘飞的柳絮中，在三伏天的炎炎烈日下，在数九寒天的瑟瑟寒风中，他经历着创业的艰辛和苦累，但乐观的他总是自嘲："趁着年轻，今天把明天的太阳晒了，今天把明天的雨淋了。"

面对困难，吕蔺强一直在思考，一直在反问自己：问题究竟出在哪里？他一开始以为创业靠技术，技术是企业的核心；后来发现只有技术是远远不行的，资金和人才才是制约企业发展的关键；最后发现其实是未来的方向决定着企业的发展。"还好我没有放弃，吃亏是福，吃苦是成功的必经之路。"乐观的精神给了吕蔺强最大的动力。

创业之初，家人和朋友特别不理解他：人人羡慕的好生活怎么说不要就不要了？好好的副县长为什么不当了？稳定的铁饭碗怎么就不要了？按部就班的仕途不好？学术地位没有吸引力？为什么偏偏要去创业呢？对于别人的不理解，吕蔺强坚守本心，听从内心的呼唤。

在企业最困难的时候，周围的质疑声更加不绝于耳，甚至掺杂了些许嘲讽。面对这些质疑和嘲讽，吕蔺强也并不是没有动摇过，他说："那时候，其实脑子里总有两种声音，一种声音对我说，放弃吧，回到原来稳定的生活中去；另一个声音对我说，朝前走，选定的路就要走下去。"

付出总有回报，在吕蔺强的努力下，初生的企业终于渡过了难关，"飘迪2188"空气杀菌清新剂在市场上打开了局面，赢得了消费者的认可。但不按常理出牌的吕蔺强，又想尝试新的领域，挑战新的自我。这一次他将目光瞄准了房地产。这一年是1996年。

吕蔺强是个实在人，时刻把"诚信做人，认真做事"记在心头，用细致造就差别，用品质树立形象。吕蔺强对每一个房地产项目的质量要求都十分严格，在他眼中，这是社会责任感的体现，也是他做事的基础。顺通集团开发的多个项目，从20世纪90年代开始就主动提高了抗震系数。2008年"5·12"汶川特大地震中，顺通集团开发的项目，特别是位于极重灾区都江堰青城山的项目都经受住了考验。

2007年，古蔺县政府找到了吕蔺强，想让顺通集团承接古蔺县新城项目。这个项目是古蔺县政府2007年的重点工程，关系数十万古蔺居民的福祉。由于这个项目难度大、成本高，当地政府到处招商引资未果，随着时间的临近，古蔺县政府急需找到一家实力雄厚的公司合作。作为古蔺人的吕蔺强自然就进入了古蔺县政府的视线。

实事求是地说，顺通集团内部对是否承接该项目有很大分歧。古蔺县地处山区，远离成都，大多数物料、器械甚至是人力都要从泸州市借调，管理成本和施工成本居高不下。再者，异地施工在具体实施中常会遇到很多意外，会大大增加工作难度。此外，根据一般项目经验来看，政府征收土地、居民搬迁等问题肯定会让少部分人不理解，进而拖慢工程进度，增加公司成本。而且，顺通集团当时已经看好了成都的一个项目，正准备上马。但是吕蔺强认为，这是惠及家乡数十万人的民生工程，是他回报家乡的大事，他应该积极参与。于是，他力排众议，接下了这个项目，并全力投入。他说："回报社会、造福家乡的事情，就要去做。"

这一原计划 5 年完工的项目，实际花了整整 10 年。如今的古蔺县城有了翻天覆地的变化，且项目的实施带动了当地大量劳动者就业。这一项目的成功，也让一直希望回报乡梓的吕蔺强快慰不已。这些惠及民生的项目，也在公司员工心里播下了两颗种子：一颗是良心，一颗是责任。

谈及创业的成功经验，吕蔺强归纳出的关键词是：规划，想象，突破，坚持。对于创业，吕蔺强感慨颇多。在中国，创业的年轻人非常多，但创业失败率也非常高。特别是在"大众创新，万众创业"这个时代背景之下，每天有上万个企业创立，但很遗憾的是有近 95% 会在 18 个月内失败。在创业中生存下来，将企业做大，无疑是九死一生。面对这个残酷的现实，吕蔺强特别希望青年创业者们做好人生规划。他说："我们每个人都应该认真地给自己的人生做一个规划，而且要尽早做好这个规划。有了规划，人生才有努力的方向和审视自我的参照。不管是否创业，都应该做好人生规划，对自己负责。"

吕蔺强还认为："要创业，你的思维一定不能受到过多的限制，一定要有突破性的思维，或者说要有去突破局限的思想。简单来说就是想象力。"创新的燃料是想象力，敢于突破边界，才能发现新世界。但是要把天马行空的创意落实为产品，也不是一件容易的事。"要创业的话，一定要做好思想准备，做好吃苦的准备。最重要的是一定要坚持，坚持，再坚持。"

吕蔺强曾给川大化学学院的学弟学妹们做过有关创新创业的讲座。针对有些同学无法找准定位，空怀梦想却无力实践的问题，吕蔺强列举了川大校友的创业事例，以此激励年轻的学弟学妹们做好创业的规划。同时，他在讲座中特别指出，创业不能急躁，在创业之初就要有方向和决心。即使一开始没有将规划想得很清楚，没有站得很高，也必须做出科学的顶层设计，然后不断总结、提升，最终获得成功。他鼓励当代年轻人要有一些创意和点子，并积极地去尝试。"不要怕这一次不成功，怕的是没有朝前走的思想。"

情系母校，梦牵学院

作为一名川大的毕业生，在吕蔺强眼中，母校不仅仅是一所大学，她更是所有川大人的精神家园。在这里，草地、湖水、山石、银杏树都承载着每个川大人的动人故事，见证着每个川大人的青春梦想。

从 17 岁到 31 岁，吕蔺强的青年时期都在川大度过：4 年求学，10 年工作。这所百年学府赋予了他宝贵的精神财富，让他树立了正确的世界观、人生观、价值观，并让他的知识结构更加完善。在川大期间，他也结交了许多良师益友。

吕蔺强最难忘的是川大图书馆里长长的桌子，和在长长的桌子上读过的书。在上大学以前，他没见过这么长的桌子，没见过这么多的藏书，也没见过这么安静的读书环境。那个时候，他和同学都喜欢去图书馆，去读康德、黑格尔、弗洛伊德、叔本华，去读茅盾、巴金、徐志摩，有时候甚至要排很久的队才能借到一本自己想看的书。

吕蔺强最牵挂的是他的"娘家"川大化学学院。他在三十年前亲笔题写的"化学馆"三个字，至今仍旧挂在化学馆的门楣上。他在化学学院 321 阶梯教室教学相长的情形依然历历在目。化学馆门口那几株百年银杏依旧是他心中最美的风景。

吕蔺强说，"海纳百川，有容乃大"的校训让他受益一生。自锦江书院以来，川大穿越三个世纪的沧桑砥砺，终成就今日峥嵘博大之气象，并于建校百廿周年之际全面开启了省市校共建一流大学、一流学科的历史征程。一流的大学要有一流的学科、一流的专业。他曾就读的化学系，现已成为国家布局在西部的重要化学人才培养基地和科学研究基地，拥有众多科研成果，化学学科也于 2016 年入选教育部双一流建设学科名单。作为一个曾经在化学学院学习和工作过的川大人，他倍感荣光。

饮水思源，回馈社会

"谁言寸草心，报得三春晖"，在走过艰难的创业之路并取得成功之后，吕蔺强常怀感恩之心，始终坚持回馈社会。顺通集团每年都将积极履行社会责任列入年度重点工作，制定了年度扶贫、慈善工作规划，有步骤、有计划、有重点地推进履行社会责任工作。

"为社会尽责，是我们每一个公民的责任。"在吕蔺强眼中，尽管每个人的能力有大有小，但都应该有一颗感恩的心，有一颗对社会的责任心。能力越大，责任越大，如果你有能力去帮助别人，你就有帮助别人的责任和义务。这就是人存在的意义。他做这些事，只不过是一名有社会责任感的企业家做了应该做的事而已。

吕蔺强特别重视教育，在他眼中，尊师重教是中华民族的传统美德。饮水思源，他特别希望能够为家乡的教育事业和母校的发展贡献一份自己的力量。

"孩子代表的是未来，只有做好了下一代的教育工作，家乡的发展才有看得见的未来。所以下一代的教育，是每一位有责任的企业家都非常重视的事业。"怀着支持家乡教育发展的信念，吕蔺强在古蔺县捐建了 4 所希望小学，并从 2011 年起设立了"顺通助学金"。这个助学金包含"栋梁工程助学金"和"状元奖学金"两部分。"栋梁工程助学金"旨在资助考上了大学但家庭经济困难的农村孩子，"状元奖学金"则专门用来奖励古蔺县的文理科状元。他的理念很简单：奖优助贫。他说："知识改变命运，孩子是一个家庭的未来。鼓励家乡的孩子们努力学习，勇争第一，让贫困但优秀的学生上得起学，读得起书，是我为家乡教育发展应该做的事情。"

让吕蔺强欣慰的是，这些受资助的学生也都怀着感恩的心。2012年，受助学生唐佳在写给吕蔺强的感谢信中说："茫茫人海，每个人都有各不相同的经历。正因为有了像吕叔叔这样的爱心人士给予的无私帮助，像我这样的贫困大学生才能到梦想的大学完成学业。"相信像唐佳这样的孩子，长大后也会像吕蔺强一样，去帮助那些需要帮助的人。"这也是我们投身社会公益事业的初衷，即让大家都具有社会责任感。他们长大了，有出息了，和我们做同样的事情，我们这份努力就算没有白费。"吕蔺强说。

吕蔺强一直认为，没有在川大 14 年的学习和工作经历，就没有今天的吕蔺强。2017 年 12 月 1 日，在川大化学学院成立 110 周年庆之际，吕蔺强捐资 300 万元，发起设立了川大化学学院"顺通奖教金"，用于奖励该学院优秀在职教师。该奖教金分作 10 年捐赠，从 2017 年开始，每年捐赠 30 万元。他希望用这种方式回馈母校，表达感恩之情。

大学教育是系统化的教育，大学时期是一个人世界观、人生观、价值观形成的最重要时期。在吕蔺强看来，自己能取得今天的成绩，离不开川大对自己的培养。谈及"顺通奖教金"的设立，他强调，之所以奖励教师，有两点原因：首先是对川大"双一流"建设的重视与支持，"建设一流大学必须要依靠教师队伍，这是非常重要的"；其次，"人都是有感情的，我是川大化学学院培养的，希望能为学院做点小事"。"顺通奖教金"对教师是一个激励，同时也会对学生产生很大的影响——尊师才能更好地重教，重教才能更好地育人。

做一件好事容易，做一辈子好事很难。吕蔺强将他"坚持坚持再坚持"的创业理念，落实到公益事业之中。当被问及做公益事业的原因时，吕蔺强这样回答："我觉得人生的追求有两个层面，一是要实现自己的财务自由，改变自己的状况；二是要承担更多的社会责任。反观我自己走过的路，我们在年轻的时候是需要一些鼓励的，也是需要一些帮助的。"每当回想起自己曾经走过的路，吃过的苦，还有那些帮助过自己的人，他都满怀感激之情，认为自己现在做的这些事虽然微不足道，但只要能帮到需要帮助的人，便是一个企业家对社会应尽的责任，也是爱心的传承。吕蔺强表示："我会一直坚持下去，帮助更多的人。"

碧海掣鲸：新时代，新理念，新征程

从 1993 年至今，吕蔺强的创业之路因变而生，因变而变，因变而辉煌。这其中，有时代之变带来的机遇，也有时代之变带来的挑战；有自身之变带来的巅峰，更需要持续求变再谋未来。"明者因时而变，知者随事而制。"在中华民族伟大复兴的新时代，乘势而上，用新理念、新模式，依照新规则，凝聚校友力量，开启新的征程，是吕蔺强新的重任。

"川"越风云三世纪，"大"容天下两甲子。世界一流大学应该拥有一流的师资队伍、一流的科研创新平台和成果转化机制，应该拥有一流的校友联谊平台。这个平台应该凝聚全球校友力量，转化科技成果，共同组建企业，扶植和孵化创业企业，组建创新创业俱乐部，从而提供一流的社会服务，对地方经济的发展起到重要的推动作用。

2016年5月29日，四川大学开创性地将全球校友创业家联系起来，用组建联谊会的方式，凝聚校友创业家的力量，并结合母校建设世界一流大学的宏伟目标，让校友们参与到世界一流大学的建设中来，成立了四川大学全球校友创业家联谊会。

2016年9月12日，四川大学全球校友创业家四川联谊会正式成立，吕蔺强当选为会长。四川创联目前有会员百余人，并在不断发展中。四川创联着力搭建"校友情感沟通""校友互助交流""校友学习成长""校友公益慈善""校友创业投资"五大平台，进一步深化校地企合作，为四川大学"双一流"建设蓄势聚力，为学校及校友事业全面发展贡献智慧和力量。

全球创联、四川创联的成立在全国高校中具有首创性，将创业家们聚合在一起，体现了四川大学"海纳百川，有容乃大"的校训精神。通过举办科技成果展览、各类论坛、项目路演、各种比赛等方式，全球创联凝聚起全球校友力量，在以往校友会更加专注于情感联络和沟通的基础上，开创了新形势下校友工作的新局面。

作为全球创联常务副会长、四川创联会长，吕蔺强希望以自己的绵薄之力促进四川大学、地方政府和校友会共同推进世界一流大学建设、地方经济发展、校友共同成长。全球创联将发挥纽带作用，凝聚校友的力量，组建大型的校友创新集团，借助母校雄厚的资源，搭建校地企互通平台，实现人才、成果、资金的聚合，在地方经济发展中起到重要作用。

根据总体发展思路，全球创联的初步设想是依托四川大学优势学科，以新能源、新材料、生物医药等为切入点，整合创新技术、政府政策、专家团队、社会资本，大力参与地方经济建设，以此引进地方的高端人才，提升地方的站位高度，引领地方的经济发展。

全球创联发起成立了两个运营平台。

一是校友投资平台，即四川川大校友同创投资管理股份有限公司（同创投资），主要对校友优秀企业及其他优秀项目进行 PE 投资（私募股权投资）。

二是校友产业发展平台，即海纳同创控股有限公司（海纳控股）。海纳控股得名于四川大学校训"海纳百川，有容乃大"，是由四川大学倡导，四川大学校友总会、四川大学全球创联发起，由代表各地校友会的知名校友企业、杰出校友共同组建，融合校地资源，吸纳广大师生、校友参与的川大校友产业发展平台。

全球创联两大运营平台

在此基础上，吕蔺强作为海纳控股主要团队成员，率领公司以"校友经济领跑者"为目标，聚焦创新产业、医疗大健康产业、教育产业三大业务领域，构建以成都风林投资管理有限公司为主体的金融服务体系，形成了"3＋1"的"项目＋资本"产业发展格局。

2020 年 6 月，在成都市、四川大学积极推进地校企合作的战略背景下，根据四川大学"让校友企业家做高校科技成果搬运工"的发展战略，成都川大技术转移集团有限公司（川大技转）正式成立。川大技转由川大科产集团、3家政府平台公司以及海纳控股牵头的5家校友平台公司参与组建，是全国首家以"学校＋政府＋校友企业"的混合所有制模式组建成功的高校科技成果转化平台。川大技转的目标是，面向四川大学等重点高校、科研院所、高新技术研发重点实验室，面向川大校友及社会科技工作者，聚焦材料科学、大健康、生物医药、电子信息、能源环保、文化创意、化学化工、航空经济、金融电子商务等前沿产业领域，整合政府、高校、校友各方资源，开展待市场化的科技成果的技术转移服务，实现技术与产业、科研成果与市场的对接。

"新型安全环保液体燃料项目"是由川大技转挖掘，海纳控股、川大技转及四川中科易达新能源科技有限公司共同投资建设的重点孵化项目。在生产生活中，由液化气、醇基等传统燃料引起的安全事故频发，给社会公共安全和人民生命财产安全带来极大威胁。自2020年初以来，重庆、南京、苏州等地相继开展了醇基燃料专项整治行动。按照十九届五中全会精神和碳达峰、碳中和的要求，"十四五"期间我国将以绿色低碳为目标，加快构建新型清洁能源体系。吕蔺强深刻意识到，一场燃料革命势在必行。"新型安全环保液体燃料"在使用成本、安全性、环保等方面均具备巨大优势，可大量替代液化气、醇基、煤炭等传统燃料，广泛应用于民用、商用、工业等领域。基于在石油化工领域10余年的实战经验，以及对新型燃料市场的坚定信心，吕蔺强果断决策，亲自出任四川海纳新燃新能源科技有限公司（新燃新能源）董事长，全力以赴打造新型燃料行业规范化运营标杆，重构新的商业模式，解民生之所需，同时为建设美丽四川、低碳中国尽一份力。

立于潮头，方知浪高风急；登临险峰，才见前路艰险。一路走来，吕蔺强懂规则，守规矩，勤勤恳恳，坚守本心。美国生物学家萨克博士曾说过："希望存在于梦想中，存在于想象力中，存在于那些把梦想变为现实的勇气中。"站在新时代的新起点，吕蔺强将和所有志同道合的校友一起，拥有新的梦想，发挥新的想象，激发新的勇气，共同成为新时代的见证者、开创者、建设者。

"相信时间的力量，成功一定在那头等你，也在等我。"

自立立他，德行天下

——记川大校友王琦

" 不是自己专业的事情绝对不做！只做自己专业的！所谓专业，就是人无我有，人有我优，人优我特。你的专业度就是你的核心竞争力。创新就是在原有专业基础上融会贯通、熟能生巧。"

‖人物小传‖

王琦，1963 年 11 月出生于山东青岛，祖籍四川乐山。1981 年考入四川大学化学系。现任宏坤集团董事长、总裁，青岛国际商会副会长，四川大学青岛校友会会长，四川大学全球校友创业家联谊会常务副会长，四川川大校友同创投资管理股份有限公司董事长，川大教育基金理事会理事。2015年被聘为"四川大学校外创新创业导师"。

王琦曾先后就职于青岛化工研究所、中化山东进出口集团公司，后创建宏坤集团。经过十余年的艰苦创业，宏坤集团已发展成为在化工领域集生产、研发、仓储、运输、贸易等于一体的大型现代化工企业。

成　长

20世纪50年代初，王琦的父亲从乐山师范学院毕业后，正逢抗美援朝战争打响。同很多热血爱国青年一样，他选择投笔从戎，参加了抗美援朝战争，随后定居在青岛。1963年初冬，王琦在青岛出生。父母对他寄予了深切期望与美好祝福，给他取名为"琦"。"琦者，美玉也"，名中有琦，恰恰象征着人若珠玉。曾有人描述王琦人如其名，既有北方人高大的身材，又不失南方人清雅的气质。

家庭环境对王琦的影响极大。王琦生长在知识分子家庭，父亲为人正直，讲究礼仪，母亲性情温和，知书达理，是一位人民教师。他们培养了王琦正直、坚韧和认真的品行，更培养了他良好的生活能力。至今，提到为何能够烧得一手好菜，王琦仍不无骄傲地向大家讲述母亲是如何教导他这些生活细节的。在他的内心，对父母的感恩之情可见一斑。

王琦在青岛一直生活到18岁。

求　学

1981 年，王琦参加了高考。在填报学校的时候，王琦与家人商量之后毅然选择了川大。至于为何选择川大，王琦说大概是因为中国人骨子里的祖籍情怀。而对化学这个专业的选择，也悄悄奠定了王琦今后的人生发展方向，结下了他这一生与化学的不解之缘。最终，王琦成为川大当年在山东招收的 10 名学生之一。

第一次离开家独自求学，王琦既紧张又憧憬，在从青岛到成都的火车上，他一遍遍幻想着被誉为西南第一学府的川大将以怎样的姿态迎接他，他将在那里创造怎样的故事。将近两天的漫长旅程对这位心怀憧憬的学子而言并不辛苦。进入大学后，王琦越来越坚信自己的选择没有错。在川大求学期间，对王琦影响最深的是老师们严谨的治学精神。讲授无机化学的孙世荣教授是给王琦印象最深刻的老师之一，他严谨的教学态度、清晰的思路和精湛的专业知识对学生的影响极其深远。"在川大学习时，对我人生影响最大的是那些学习方法、理论和观念。对川大的感情，你读书的时候感受可能并不深刻，但在走出校门后，你会真正感受到，你的人生观、价值观、世界观都深深地打上了川大的烙印。"王琦深情地说道。

刚上大学的时候，王琦的性格是比较内向的，他曾形容自己是"走路都要贴着北墙根走的人"。但是大学培养了他的自信和自立。"对我而言，自立与自信是相伴而生的。随着知识的积累、思想的成熟、对周围环境的熟悉，我越来越自信。这种自信让我在处理任何问题时都更加从容，这样我独自处理问题的能力就会增强，自然也就更加自立，这种自立又会增强我的自信，两者交替增长。"在大学期间，王琦主动担任了学生干部，这对他组织管理能力和交际能力的提升有很大的帮助，也让他结交了更多同窗挚友。

现在，王琦是川大校外创新创业导师，常常回学校跟学弟学妹们交流经验。他时常鼓励学弟学妹们在努力学习专业知识的同时，积极参与到学校组织的各类活动中去，去锻炼自己学习以外的能力，做全面发展的人才。

国企十五年

1985 年，大学毕业的王琦回到了青岛。他的第一份工作是在青岛化工研究院担任科研人员，从事化工产品方面的科学研究。尽管在研究院的工作时间只有短短的两年半，但在这里，王琦对化学有了更加深入的了解，也认识了很多化工行业的朋友，其中很多人成为王琦一生的朋友，甚至合作伙伴。

1988 年，王琦进入中化山东进出口集团公司（世界 500 强企业中化集团的子公司，简称中化山东），开始了在国企的职业生涯。这段经历是他人生中极为重要的一段工作经历。

当时我国的外贸业务正值快速发展时期，而中化山东的发展更是非常迅猛，贸易额一度占据山东省的 10%，位居全省第一。这一时期也是王琦最忙碌的时期。刚进入中化山东的王琦二十五六岁，正是豪情满怀的年纪，加之从小家人就教育他要热爱工作、无私忘我，因此王琦在中化山东工作时十分努力，长期出差在外，"一整年与家人待在一起的日子加起来也没有几天"。

他刚到染料部的时候，染料部是公司主要的业务部门，产品品种近 300 个，常用品种五六十个。而日常工作中，大家提到产品时全讲代码，不讲中文名字，为此，王琦他们背了整整一个季度的代码。王琦回忆说，这比上学考试复习都辛苦。当时的产品价格核算也是个复杂的工作，一种产品有好几十种价格，为了第二天报价，晚上加班到凌晨两三点是常有的事情。"当时我们没有电脑，全靠手算。"

正如他自己说的，如此努力并不仅仅是为了赚钱。他们这一代人都明白一个朴素的道理：只要努力付出，挣到钱是迟早的事情。公司看到他们的努力，必定会给予他们应得的回报，而他们要做的就是心无旁骛、坚定不移地朝着目标前进，实现自己的人生价值。当然，能做到这些也离不开一颗热爱工作、热爱拼搏的心，没有谁能随随便便成功。

王琦思维敏锐、思想开放，善于发现商机，富有创新精神。这一点在中化山东的一笔鱼粉生意中体现最深。20世纪90年代是中国经济快速发展的时期，对外经济交流与合作进一步深化，政府对外贸非常重视。1995年，时任对外贸易经济合作部部长吴仪出访秘鲁时提出：中国能不能进口鱼粉呢？凭借敏锐的商业洞察力，王琦意识到这是一次难得的机遇，因为吴仪的观点代表了当时政府对外贸的政策支持导向。当时中国进口鱼粉的渠道和供应链单一，基本上是由国际鱼粉生产企业到欧美和我国香港的转口贸易商，然后到我国内地大型的鱼粉进口商，再经过层层分销转入消费终端。王琦认为，要改变这种状况应该不难：一方面，政府已经提出这样的要求，政策条件已经具备；另一方面，进口与出口是互通的，中化山东在出口领域已经非常专业，能做出口就一定能做进口。凭着对自身专业度的极度自信和敢为人先的精神，王琦当即决定奔赴秘鲁考察，做第一个吃螃蟹的人。得到公司支持后，王琦带领同事成立了项目小组，到秘鲁进行实地考察，分别从技术、市场、政策、管理等各个方面进行调研，从而最终确认了项目的可行性。他们通过组建公司等形式，与秘鲁各大鱼粉厂商建立了良好的工贸关系，并在中外银行的大力配合下，在1995年做成了中国的第一船鱼粉生意，实现了中秘之间的鱼粉直接贸易。这一项目的成功，不仅为集团降低了成本，更为中国进出口贸易提供了一个漂亮的案例。

正是凭借对市场的敏感和对工作的十足干劲，王琦在短短的十年间，从一名分公司的业务员做到了中化山东的副总经理，成为公司晋升最快的员工。回忆起在中化山东的这段经历，王琦不无自豪地说："我之所以成为中化山东晋升最快的员工，一是领导器重，二是我善于学习，善于创新。"

创业想法的萌芽

人生的旅途不可能总是一帆风顺的。就在王琦的事业小有成就之时，中化山东风云突变，出现了一次高级管理层的重大人事变动。这让王琦深刻感受到了企业里的人际纠葛，一度陷入了何去何从的迷茫。此时的王琦已经不再是二十多岁的莽撞少年，而是即将步入不惑之年。他告诉自己，无论是意气用事，拂袖辞职，还是随波逐流，任凭自己被卷入复杂的人事斗争，显然都不是明智之举。他唯一要做的，就是平静下来，心无旁骛地工作，不理会人事变动对他造成的任何影响。这段时间，他阅读了大量书籍，不断充实自己、提升自己，开阔了眼界，也理清了思路。这场人事变动历时两年终于平息，事后，王琦又重新得到了重用。

但是这段经历的确是他人生的转折点，使他认识到企业复杂易变的人事关系，萌生出自主创业的想法。他开始思考如何自主创业，并开始寻找机会。回忆起这段经历，王琦没有抱怨，反而是满怀感激："人生道路太顺了不好，必须经历一个坎，吃一堑长一智，受过多大的苦才能享多大的福！"正是这个坎，促成了王琦的自主创业，实现了他"科、工、贸"一体的梦想。

人的一生总离不开"贵人"相助，他们出现在我们的不同人生阶段，参与塑造我们的人生观、价值观，影响着我们的人生轨迹。王琦最重要的"贵人"，就是时任中化山东总经理的王福君。王福君是王琦的"伯乐"，他看到了王琦的才华，并给予他舞台，让他去发挥。王福君是位非常优秀的领导，他头脑睿智，思维缜密，沟通谈判技巧高超，遇事冷静，处世沉着，他的这些优秀品质无不深深影响着王琦。王琦说："在中化山东的这段经历是我人生最重要的阶段之一，中化山东的王福君总经理是我的'伯乐'。如果说川大的孙教授让我具备了优秀的习惯和素质，而让这些得以发挥，教会我如何做人、如何做事的就是我的这位老领导。同时，在中化山东期间，我也学到很多先进的管理理念，为今后的企业管理武装了思想。"

在中化山东任职的十多年，王琦先后担任开发部经理助理、开发部副经理、染料分公司染料部副经理、染料分公司副总经理、染料分公司总经理、集团总经理助理、集团副总经理等职务。他对这十多年的历练充满感恩，也对即将踏上创业征程充满信心。

创业之初

2003年，王琦离开中化山东并注册成立了山东宏坤进出口有限公司，正式从一名国企管理者转变成一名民营企业家。

企业成立之初，资金紧张，困难重重。王琦通过抵押房屋、寻找合作伙伴等多种途径才筹到了资金。2003年，王琦带着三个人租了一间办公室，为了省钱，没舍得雇人，自己买涂料搞装修，连传真机都是王琦从自家搬去的。那时的合作伙伴还有另外三人，他们都没做过化学品，为了保证业务正常开展，王琦亲自当起了老师，利用周末给大家上课。

创业之初的艰辛自不必说，至今仍有不少故事在宏坤传颂，其中就有溴素部的创业故事。溴素是宏坤较早经营的一个产品。最初的那几年，为了熟悉业务，保证不出纰漏，把业务稳定下来，溴素部的业务员都要到分装站亲自监装。溴素是一种极其危险的化学品，对人的呼吸道和眼睛的刺激非常大，而泄漏也是常有的事情。那个年代条件艰苦，在分装站上，业务员们需要穿上厚厚的防护服作业。到了夏天，防护服里的温度能达到40℃，穿一会儿，里面全是汗。有的人适应不了，脱下防护服就哭。创业的艰辛由此可见一斑，但是提及这些事情，大家脸上流露出的却是自豪、怀念——怀念当年单纯的创业梦、义无反顾的拼搏，用时下流行的话说就是"撸起袖子加油干"。

在创业的想法萌生之初，王琦就想好了发展方向——化工品国际贸易。之所以选择这个方向，王琦有自己的深思熟虑。他认为，创业的方向至关重要，因此不能盲目选择，一定要选择自己擅长的领域。真正的创业是很难的，要想成功，一定要有扎实的基本功才能往前走。就像王琦自己的人生格言所说的："不是自己专业的事情绝对不做！只做自己专业的！"从大学的专业学习到之前所有的工作经历，王琦所做的事都是与化学、贸易相关的，尤其是在中化山东十多年的工作经历，使王琦对化工品国际贸易非常熟悉，在行业政策、流程、客户关系、专业知识等方面都已经非常专业。

选准了方向，还需要专业人才。王琦深知，人才是企业发展最核心的竞争力，对处于创业阶段的企业来讲尤其重要。因此创业之初，王琦便四处寻找专业人才。

王琦选用人才有自己的原则：以德为主，德才兼备。所谓

"才德全尽谓之圣人，才德兼亡谓之愚人，德胜才谓之君子，才胜德谓之小人"，德才兼备的人才是任何一个企业都需要的。王琦用人，首先考察的是"德"。所谓"做事先做人"，并不是有"才"就是人才，有"德"又有"才"才是真正的人才。王琦要求企业以"求才之渴、识才之眼、举才之德、容才之量和用才之胆"去甄选人才。

优秀的领导者，总有其过人之处，能够让人才心甘情愿地追随。王琦就是这样的领导者，他有着很强的人格魅力。2003年，王琦认识了某知名外企的一名业务人员并与其成为朋友。经过一段时间的交流，王琦发现他在做业务方面非常不错，专业水平极高，是个有能力的人，因此在表达欣赏的同时提出了请他加入自己公司的想法。但是当时的宏坤还很年轻，实力与该知名外企相差甚远，这位朋友婉拒了他。王琦虽感到很失落，但理解也尊重了朋友的选择。不久后的一次相聚，这位朋友告诉王琦他要离职。王琦又一次提出请他来自己公司的想法，但是这位朋友告诉王琦，他想自己创业。王琦告诉他，创业之路并不容易，但是愿意支持他、鼓励他去施展抱负，无论结果如何，宏坤的大门永远为他敞开着。

由于市场行情等原因，两年后，这位朋友创业失败。王琦得知后，第一时间联系了他，再一次提出了邀他加入公司的想法。这一次，这位朋友终于答应了。王琦很欣喜，对于自己看好的人才，他愿意像刘备那样三顾茅庐。后来，这位朋友的表现也确实没有令王琦失望，他带领团队，为宏坤开辟了新的市场，为宏坤的业务发展做出了很大贡献。这位朋友曾经说，他对王琦充满感激之情，因为没有人能像王琦一样对自己如此信任与支持，在自己创业失败后仍愿意重用他，这份知遇之恩令他感动。

正是由于王琦对人才的重视，先后有很多有能力的人才加入了宏坤的队伍，其中不乏从知名国企、外企、银行等单位走出来的优秀管理者。这些人都是各领域的专家，能力很强，知识互补，一道成为宏坤发展的重要支柱。

高速增长期

2006—2011 年是宏坤高速增长的时期。

宏坤公司成立初期，办公地点、业务资源、资金资源都相对分散。2006 年，王琦开始从各个方面对公司进行整合。

2007—2009 年，全球遭遇金融危机，很多企业在这场危机中销声匿迹。我们常说，危险与机遇并存，王琦的企业就在这场危机中抓住了机遇。究其原因，一方面，金融危机对出口的影响不大；另一方面，王琦所做的产品市场风险极低。

2007 年，宏坤的出口团队人员基本到位，出口业务从零开始有了很大的发展。2008 年，中国举办了举世瞩目的奥运会，这一年成为中国历史上的一个重要节点。同时，奥运会也让硫酸火了一把，遇到了百年难遇的大好行情，其价格从 300 元/吨一路飙升到 2000 元/吨。硫酸的的确确是帮助宏坤大赚了一笔，为宏坤的再发展打下了坚实的资金基础。从这一年开始，在王琦的创业路上，资金短缺等问题终于解决了。

为了使公司在风云变幻的市场中长期稳定发展，王琦还成立了自己的仓储运输公司。有了自己的仓储区，就等于掌握了应对市场价格变化的主动权，从而为公司的进一步发展打下了坚实的基础。

王琦成立的仓储运输公司外景

稳定发展期

就在公司快速发展的同时，一些管理方面的问题逐渐显现出来。2013 年初，已成为集团公司的宏坤出现了一次较大的人事变动，负责出口的副总经理带着手下的好几个经理同时递交辞呈，宏坤的出口业务几乎在一夜之间垮了下来，对集团造成了非常大的影响。

王琦清楚地意识到，自己的企业已经做到了一定的规模，不再是以前的小公司了，要想继续做大做强，仍旧按照过去的模式管理怕是行不通了，公司需要转型，需要规范化运作，需要向管理要效益。

王琦认为，应首先对组织架构进行变革。创业初期，公司的组织架构基本就是老板、财务人员、销售人员，一个人要做好多人的工作。简单而有效的"三板斧"管理衍生出来的管理制度自然是"以人为本"，与其单一的组织架构相吻合，谈不上制度，大家纯凭热情、感觉、本能在工作。现在，这一架构已难以适应公司的发展了。于是，在王琦的带领下，宏坤集团对组织架构进行了重新组织，按照业务类型划分出口事业部、进口事业部、硫酸事业部等业务板块，职能部门也由单一的财务部变成了财会本部、物流部、风险管理部和办公室的中台和后台服务部门。同时，为了资源共享，各职能板块对各业务板块实行集团化服务与管理。

像许多创业型企业一样，宏坤集团成立之初基本无制度，老板的话、领导的话就是制度，业务也缺少规范的操作流程。意识到这一点之后，王琦立即组织集团开始完善各项制度、流程。王琦要求制度设计要追求人性化、公平、合理，这与他一贯的做事风格一脉相承。

所谓小企业看老板，中企业看制度，大企业看文化，王琦知道，要将企业做大，就必须从现在起建设自己的企业文化。那该如何建设企业文化呢？王琦想到了大学同窗聂圣哲，他认真阅读了聂圣哲撰写的《德胜员工守则》，并与其深入交流，最终通过借鉴其管理理念，结合宏坤集团的员工现状，形成了自己独特的儒家企业文化。

王琦认为，儒家思想博大精深，对现代企业管理仍有很重要的借鉴意义。儒家的管理思想是以治国平天下为最终目标，以管理者的自我修养为管理的前提条件，强化对人的内外控制。企业要取得成功，首先要修炼内功，提高企业内部员工的品德修养。因此，现代企业管理可尝试以博大精深的儒家思想为背景，用传统文化氛围和文化价值去管理企业，为企业创造价值。于是他投入巨大的成本开始建设企业文化，光是2012年用于培训的支出就超20万，这在私营企业或中小企业中是不多见的。王琦对于企业文化建设和人才培养的重视程度由此可见一斑。

　　如今，每天早晨诵读儒家经典已是宏坤集团的必修课，琅琅书声入耳，传递的是宏坤人对传统文化的孜孜追求；诚信、公开、公平、公正、责任、创新，这些词不断地在宏坤集团被提起、被讲解；"以德为主，德才兼备"的用人理念深入人心。领导给员工过生日，关怀慰问员工家的红白喜事，甚至出面协调员工遇到的私人诉讼纠纷等，在这些不起眼的日常小事中，宏坤的企业文化正在形成并深入人心。

　　2015年是王琦和集团员工难忘的一年。早在2003年，王琦就在山东德州创办了一家工厂，专业生产紫外线吸收剂类产品，但工厂成立后连年亏损，全靠贸易版块的支持支撑下去。由于亏损时间太久，很多人都劝王琦赶快放弃这个工厂，就连一贯默默支持王琦创业的夫人都看不下去了，几番劝说，王琦几乎就要动摇了。但王琦骨子里就是不服输的人，他相信自己的眼光，相信自己的产品一定会有市场，只是自己的管理方式需要改进或市场机遇尚未到来。他承受着各方给他的压力，这一坚持就是11年。2015年，工厂终于赢利了，喜讯传来，王琦和他的同事都长舒了一口气。对宏坤来说，这是历史性的一刻。如今，工厂不但能持续赢利，而且多种产品在国内同行业中产能最大，已经成为集团业务板块中不可或缺的实业力量。依托工厂，宏坤的业务有了实质性的进步。

德州工厂外景

坚持 11 年不放弃，不是一般人能做到的，这一路上的艰辛也可想而知。真正成功的那一天，王琦觉得所有的坚持都是值得的。他深刻反思这个过程：自己做国际贸易是专家，但是经营生产企业却是外行，因此就要"交学费"，这 11 年就是自己交的"学费"。如今，他已然可以自豪地说，自己也是经营生产企业的专业人士了。王琦一直坚信，做企业要做"百年老店"，不能遇到困难就放弃，要有不怕输、不怕挫折的精神，持之以恒才有可能成功。

回馈母校

王琦曾说："一开始创业，是想要实现自己事业上的梦想，赢利只是一个结果。但经过这么多年以后，我发现企业的首要目的应该是为社会尽责。民营企业解决了社会 90% 的劳动就业，国内生产总值的一半是民营企业创造的。从小的方面来讲，如果我的企业做不好，就会造成 200 多人失业，所以企业必须承担社会责任。"正是因为秉持着这样一份责任和坚持，宏坤集团在王琦的带领下，始终以"为社会尽到责任，为公司创造效益，为顾客创造价值，为员工创造机会"为使命，为客户提供精细化工领域集研发、生产、仓储、运输以及国际贸易为一体的综合业务服务。如今，宏坤集团实业板块的足迹已经遍布华东各个地区；贸易板块已经与全球 20 多个国家和地区的客户建立了长期、稳定的合作关系。

除了宏坤集团的董事长、总裁之外，王琦还有另外的身份：川大青岛校友会会长、川大校外创新创业导师、川大全球校友创业家联谊会常务副会长等。

参天之树，必有其根；环山之水，必有其源。几乎所有人都对母校有着难以割舍的情结，王琦亦是如此。他对川大的感情十分深厚，这种感情化为行动，驱使着他做了大量的校友工作。王琦所在的川大青岛校友会成立于 2009 年，人数已经从成立之初的 10 人发展到今天的近 400 人。他们于 2013 年成立了校友之家，设立了川大青岛校友会专职秘书处，并有专人负责校友会日常工作。他们定期召开理事会及校友座谈会、联谊会等丰富多彩的活动。校友会还分别与经济学院和成人继续教育学院合作，开办了多次长短期培训班，例如经济学博士课程研修班、企业家创新研修班等，累计培训近千人次。2017 年，校友会又与四川大学青岛研究院联合举办"双创论坛"，每月一期，广泛邀请青岛市政府有关部门、驻青岛国家科研院所以及合作企业参与到论坛中，收到了很好的社会反响。

川大青岛校友会还以母校建校 120 周年校庆为契机，首次提出合并 3 支校友奖学金，成立以地方校友会命名的奖学金——"青岛校友会奖学金"。"青岛校友会奖学金"总额 500 万元，分 10 年发放，分别用于化学学院"晓光化学奖助学金"，机械工程学院"张强云奖助学金"，"宏坤·银杏杯"化学知识竞赛、化学实验竞赛，创新创业公益基金等项目。

另外，在川大青岛校友会的大力推动下，四川大学青岛研究院正式签约落地。为了保障四川大学青岛研究院的技术转移孵化工作，川大青岛校友会还成立了一支规模达 4000 万元的专项孵化基金。他们还积极推进"川大华西青岛医院"的工作。

校友会如此多的工作，王琦或是牵头人，或是参与者，对每一件工作都尽心尽力，丝毫不懈怠。曾有人发出疑问：担任一个集团公司的董事长和总裁已经需要大量的时间和精力了，王琦怎么还有时间参与到校友会的工作中去？除了对母校工作的一腔热情，这更多地依赖于他充沛的精力。王琦对自己有个要求，就是每天下午都要去健身房锻炼身体，风雨无阻。他享受运动后大汗淋漓的畅快，认为运动既是锻炼也是对压力的宣泄。他知道，作为公司的领头人，不仅要有聪明的头脑，还要有强健的体魄。如今公司的年轻人越来越多，许多年轻人都由衷赞叹王琦的精力和体格。

我们相信，宏坤集团和川大青岛校友会在王琦的引领下，砥砺前行，未来可期！

寻路初心

——记川大校友潘军

"
　　经验固然重要，但经验在未来并不值钱。世界变化很快，拥有独立思考、不断进步的能力，才是未来与时代共鸣的关键。"

‖人物小传‖

　　潘军，1992年毕业于成都科技大学（四川大学前身之一）水利土木系水利水电工程建筑专业，后获清华大学高级工商管理硕士学位、美国明尼苏达大学全球工商管理博士学位。现任花样年控股集团（花样年）执行董事、董事局主席兼首席执行官，彩生活服务集团执行董事、董事局主席，四川大学全球校友创业家联谊会会长，四川大学全球校友创业家粤港澳大湾区联谊会名誉会长，四川大学深圳校友会会长。

潘军在房地产开发行业有 20 多年经验，是中国注册物业估价师及深圳市不动产估价学会的会员。他曾成功策划轰动中国地产界的"克林顿中国碧海云天行"活动，由此奠定其在中国地产策划界的地位。他是目前中国地产界身兼发展商和代理商总裁身份的风云人物，更是以普通百姓视角去理解幸福、诠释幸福的地产专家，被业界亲切地称为"中国地产的幸福大使"。在他的带领下，花样年连续多年以骄人的业绩跻身"中国房地产百强企业"。

自彩生活成立以来，潘军一直在积极思考物业行业改革的新路子。从 2005 年的"零物业费风暴"到 2015 年的"彩生活模式 3.0 版本"，彩生活运用 ice 系统和运营中心双主体协同办公，自主开发了属于物业行业自己的信息开源平台。在潘军的带领下，彩生活于2014 年在港股上市，成为首个在港股上市的内地社区服务运营商。

引言：归来仍是少年

故事的开头是这样的：20 世纪 80 年代末，一批年轻"冒险家"挤在罐头一般的绿皮火车里，他们的口袋里只有几百块钱，但无一例外，面对未知的前路，他们都有一颗勇敢的心。这个开头同样适用于潘军。

潘军于 1988 年考入成都科技大学，1992 年从水利水电工程建筑专业毕业。这个专业主修什么？简单来说是修水库、水坝或者配套的建筑。尽管这与潘军后来从事的房建工作有很大区别，但仍为其职业生涯奠定了坚实基础。四年的大学生涯，潘军当过班长，当过院系团总支组织部部长，喜欢唱歌，还学会了弹吉他。那时候的大学校园里，经常能见到一个怀抱吉他的年轻人坐在草地上，旁若无人地唱着歌，其他人则围着他安静地听，静静地思考……那是潘军的青春，是潘军向往的简单生活。

之后的几十年里，潘军时不时回到成都，与这里的空气、景物、友人相处，与旧时同窗围炉夜话，把酒言欢，彼此约定好十年、二十年后再相聚。再后来，川大深圳校友会成立，2013 年，潘军被选为会长。

生于 20 世纪 70 年代初的潘军，可以说是伴随着中国经济体制转型而成长起来的，总是希望以自己的实际行动不断改善自身生活状况、改变社会，骨子里有着与生俱来的"不安分"基因，总想着出去闯一闯才甘心。1994 年，适逢改革开放的春风吹到深圳，潘军的人生也突然走到一个十字路口，接着一路南下。

直至今天，每年依然有数以万计心怀理想的年轻人奔赴深圳，在这片创业热土上重复着和潘军一样的经历和故事，即所谓创业者的命运。

芳　华

在那个年纪，拥有爱与梦想，就拥有一切可能。

一、梦想照进现实

潘军常以"半个四川人"自称。在他看来，四川充满了道家韵味，山水天地，融合得恰到好处；成都是一个从容的城市，这份从容对他影响深远。他做很多事情不会过多地考虑后果，而是喜欢在过程中去体验，将人生视作一个不断思考、学习的过程。

大学毕业那年，潘军 21 岁。那时候他的想法是进入音乐圈，甚至曾一度计划背着吉他北上，做个"北漂族"，组个乐队。之所以没能成为音乐人，是因为他知道，在 20 世纪 90 年代初的北京，靠卖唱几乎无法养活自己。

很快潘军就有了第一份工作，他被分配到家乡宁夏回族自治区的水电工程局任专业技术干部，虽然工作环境艰苦，但在外人眼里他也算是端上了"铁饭碗"。可他却不甘心。1994 年，全国人民都在埋头工作，贯彻着"抓住机遇，深化改革，扩大开放，促进发展，保持稳定"的方针，力争成为先富起来的那一部分人。祖国南端一个叫"深圳"的特区正发展得如火如荼，房地产行业方兴未艾。

梦想总是在比现实更远的地方。对潘军来说，实现梦想的第一步就是要舍弃稳定。再加上潘军当时的女朋友（后来成为他的太太）先其一步南下去了深圳，潘军的离开又有了一个伟大的理由——为了爱情。

1994 年 3 月，潘军辞去宁夏的工作，怀揣着梦想和仅有的 200 元钱来到深圳，将自己的命运搁置在 27 年前深圳的大街小巷上。那年的深南大道两旁还很荒凉，在当时很多人眼里，上海宾馆以东的区域才算是深圳。去蛇口的朋友那儿玩，经常会听到他们把去市中心说成"去深圳"。潘军就在这样一个"深圳"开始了自己的"深圳梦"——他成了一家房地产广告模型企业的业务员。

二、"深漂" 1994

有一种深圳人叫"典型深圳人"，他们的人生中一定有过在深圳打工或是一年内搬 5～10 次家的经历。

1994 年潘军不顾一切来到深圳打工，他的父母是极力反对的，就连潘军仅有的 200 元钱也是瞒着他们攒下的工地补贴。对于刚到深圳的潘军来说，理想很丰满，现实却很残酷。想去住招待所，但身上的钱已所剩无几，工作也还没有着落。幸好那时深圳天气暖和，他索性打包行李去天桥下睡。当时他心态乐观，倒一点也没觉得苦。

刚到深圳那年，潘军和很多他这样的年轻人一样，睡过不同的桥洞。在他的记忆里，印象最深刻的就是搬家。那一年他总是不停地搬家，一年内甚至搬过十几次，在上梅林、下梅林、泥岗、黄贝岭之间来回折腾。搬家的同时，他也在这个城市里来回拉扯着梦想，痛并快乐着。这一段经历，对潘军影响最深远的，是对居家的幸福渴望。

彼时，深圳的物价开始上涨，率先市场化的深圳房地产行业也开始慢慢"发烧"。一年的跑单磨炼让潘军小有收获，从最初的每月800 元底薪，做到月提成 1 万多元。有了第一桶金后，潘军信心满满地拉了几个有"老板梦"的同事，合作创办了一家经营大厦模型的企业，希望能早日走上共同富裕的道路。

但很多时候，付出并不意味着得到回报，潘军很快就迎来了人生第一次创业失败。尽管在创业过程中他十分投入，招聘、设计、跑单……从不停歇，结果却是不停地亏损。同事们先后选择了分道扬镳，像潘军这样踌躇满志的青年也被打回了"原形"。不过，潘军也因此少了几分浮躁，多了几分脚踏实地。那时候还没有下岗的说法，再就业成为他唯一的出路。

三、不带走一丝云彩

1995 年 9 月，潘军进入世联地产工作，一待就是 4 年。最初因为卖楼不顺，他被安排到评估部门做估价工作。幸运的是，潘军是学水利水电工程建筑的，有扎实的专业基础，对房地产估价并不陌生，所以在 1996 年顺利成为中国第一批房地产估价师。这个职位相当于英国的测量师，是拥有签字权的。

那一年，中国刚开始进行房地产评估。成为估价师后，潘军的业务一度做得非常成功，他或许是那年深圳这一行里最牛的业务员，收入也变成了年薪 40 万，一个月提成 2 万多。

现在回想起来，潘军认为世联是一个非常有理想的企业，只是当时的他觉得它可以更加开放。世联创始人那会儿常对他们说，没必要去和同行交流，因为我们就是最好的，尽管世联的市场份额不是第一，但水准一定是第一。后来潘军才发现为什么世联不倡导去和同行对比，因为不少同行做房地产评估有吃回扣的"潜规则"，而世联要为梦想活着，就不能去跟对方比。他们坚守住了。有人想挖潘军，对他说，如果去他那儿，一个月可以拿 5 万提成。潘军觉得跳槽后他顶多就是个业务经理，但在世联，他能学到东西——这就是职业选择，永远不能只看短线利益。

世联现任董事长陈劲松是潘军的"师父"。世联创建策划部之初，陈劲松是负责人，他手把手地教潘军做策划，告诉潘军为什么开发商需要策划商，鼓励潘军在每一件具体的小事上去创新。这段经历对潘军影响很大。

潘军之所以离开世联去创业，是因为和当时的公司领导在发展理念上产生了一些认知分歧。潘军认为经营一家公司，就是要靠人力资源，要建立上市机制，让大家都能来分享发展成果。其中，人力资源是潘军最为看重的。一家公司必须要有自我培养人才的能力，而不是简单地聚合一群人；公司要走得长远，需要思想文化背景相近的人，大家应志同道合，而不是道同志不同。而对于潘军提到的上市机制，他当时的领导很纠结：为什么要上市呢？为什么要开分支机构？潘军当时觉得，既然自己的建议不被采纳，不如自己出来闯一闯吧。

领导刚开始不同意潘军走，后来勉强同意了，但给他提了两个条件：第一，不能带走任何一个下属或同事；第二，不能带走任何一单业务，也就是公司已有业务当中潘军所接触过的业务，他一单都不能带走。

这些，潘军都答应了。

四、花样正当年

1999 年 9 月，深圳骄阳似火，潘军加入了花样年，正式开始了他人生中的第二次创业。那时的花样年还叫"深圳市星彦投资发展有限公司"，办公地点在滨河路旁边的锦峰大厦 16 楼。直到 2003 年花样年开发的第一个项目"喜年中心"落成后，他们才挥手告别那里。

深圳市星彦投资发展有限公司成立

说起"花样年"这一名称的由来，也有一段故事。当时公司邀请知名广告公司奥美公司做品牌梳理，双方就公司名称和品牌口号在员工论坛上讨论了很久。公司的大部分员工都跟潘军同龄，都希望公司的品牌是多姿多彩、年轻、现代、东方、活跃而不拘一格的，因此不想用两个字，觉得两个字太稳，而四个字又太烦琐，三个字反倒轻巧。当时，王家卫的电影《花样年华》还没有上映，而民国时期的女歌手周璇有一首歌名字叫《花样的年华》，潘军对其中的歌词印象深刻："花样的年华，月样的精神，冰雪样的聪明，美丽的生活……"歌中所唱的似乎与他们所追求的生活方式不谋而合。因为喜欢三个字的名字，他们最终决定将"花样年华"去掉一个"华"字。这么一看，"花样年"，似乎有点年华一去不复返的味道；以"年"结尾，有韵味，好像总有些故事没说完。同时，"年"也代表了空间感，某一年的事件、场景、经历过的生活，会让人觉得那不只是一段时间，也是一种情怀。潘军希望花样年打造的生活空间，也能够让人在其中不断经历、感受、体验。

眼看曾经荒凉的深南大道南边成为人潮汹涌的中心西区，花样年也在一个新的起点上开始了新的征程。细节总是容易被淡忘，通过这次创业，潘军总结了几点经验教训。

第一，如果你还没准备好创业，也并不真正热爱创业，只是为了挣点钱，我劝你还是打份工更好。

第二，不要奢望你的创业团队是最棒的，并且也抱着一起创业的心态，这是一种奢望，一种非理性的想法。因为最牛的人是不会和你一起创业的。你所需要做的是选有潜力的人，而不是请行业内最牛的人。

第三，每个企业都有自己的"命门"，如果企业不愿意思考当下的变化，最后可能不知道自己因为什么而"死"。

潘军承认，他是一个悲观主义者，一直以"生于忧患，死于安乐"自勉。在他看来，这个时代变化太快了，不知道现在的辉煌能持续多久。潘军在独处时，有时候心里会特别慌，觉得没有什么可依靠的。他一直认为，未来 99% 的企业是要被淘汰的，为了成为那仅存的 1%，潘军逼着自己一路向前。

江　湖

有人的地方就有江湖，有江湖的地方就有血雨腥风。创业路上，就有一轮接一轮的血雨腥风。

一、地产界开先河者

2002 年，美国前总统克林顿来到深圳，他仅仅停留了 4 个小时，又旋风般地走了，奔赴下一个目的地——新加坡。近 20 年过去了，也许少有人记得当年策划该活动的花样年和一个叫"碧海云天"的楼盘，但人们记住了克林顿曾经为了某个楼盘的开盘来过深圳。潘军也因此被中国住交会评为当年"深圳十大操盘精英"，在地产界名声大噪。

说起"碧海云天"的开盘策划，邀请名人代言是当年最流行的做法，潘军当然也希望邀请到一位非常有影响力的人物做代言人。对这个代言人，潘军有两点要求：首先他应该是位非常成功的男士，其次是拥有超高知名度。经过一番筛选，花样年找到了两个候选人，一个是克林顿，另一个是周润发。经过商议，花样年最终决定邀请克林顿。

2001 年底，花样年开始正式运作这件事。当时身边的很多人不理解，认为他们只是在造声势，搞轰动。说实话，潘军自己也没有十足的把握。他们试过很多的渠道，一开始通过本地的一家媒体联络，没有成功；后来想和美国的一家公司合作，也以失败告终；最后，花样年是通过美国的《商业周刊》找到了克林顿办公室，但对方答复说基本上没有可能，因为档期排不过来。但潘军没有放弃，一直在保持联系，同时研究他的活动安排，几乎是每两天跟进一次，给克林顿办公室的传真最多的一次有几十页。

就在2002年的4月下旬，这一计划突然有了转机。克林顿将作为美国代表团的首席代表到东帝汶参加该国新任总统的就职仪式，在这之前他将先到日本，接受一所大学的名誉博士头衔，之后转道香港、深圳，接着还得去新加坡。深圳将是克林顿此次亚洲之行的其中一站，计划得以顺利实施。

民营企业邀请美国前总统来华，确实没有先例。直到今天，这依然算是中国房地产策划的一个经典案例。一次策划的成功，当然包含非常多的要素，但它的前提，潘军认为是创新，是飞扬的想象力，是敢想他人所未想。

二、越过山丘

在创立花样年这家企业之初，潘军便有一个上市的梦想，希望通过资本市场做大品牌并获取发展资金。

但2005年后的三年，全国房地产市场进入了低迷期，"金九银十"不再，各地区销售量普遍走跌。那三年，基本没有房地产公司上市。2008年，花样年第一次筹备上市，未果。2009年，随着房地产行情的好转，花样年又开始准备上市。在花样年正式挂牌上市前，在香港新上市的企业普遍表现不佳，包括中冶、利郎、匹克、华南城等在内的公司上市首日都以破发收场。这无疑给潘军施加了很大的压力。也许上市之后的融资质量并不能达到预期，但他们确实不能再继续等下去了。潘军的想法是，融资多少并非最重要的，重要的是把握住这个工具，它的价值在于可以让花样年未来继续融资。无论市场如何变化，潘军坚守住了，他不会放弃。

2009 年 9 月 29 日，花样年赴香港进行港交所主板上市聆讯。然而就在 10 月 20 日，花样年突然对外界宣布，招股期将推迟两周，承销团成员由原先的中信、花旗两家，再增高盛及工银两家。许多人对此表示质疑，事后证明，花样年的做法成功避开了招股高峰期，确保了招股中的主动地位。

2009 年 11 月 25 日，花样年在香港挂牌上市。第一次敲响上市钟的那一瞬间，是潘军人生中历史性的时刻。外界都在猜想花样年接下来的大动作，殊不知潘军早在多年前就开始了新的筹划——转型。花样年成立了彩生活服务集团有限公司，这家集物业服务、资产运营和社区服务为一体的综合型物业服务公司，成为潘军后来探索企业转型的重要棋子。

2009 年 11 月 25 日，花样年在香港上市

土地资源俨然成为房地产市场上的"稀缺资源"，诸多房地产商为争夺土地资源不计成本。多次从土地拍卖会上铩羽而归的潘军，深

知花样年并不具备这种"一掷千金"的特质。眼看前面是一个山头，如何翻越？由"重"转"轻"是一条必由之路。2014 年 6 月 30 日，来自港交所的一纸批文，成全了潘军对彩生活分拆上市的"执念"。而后，上市不足一年的彩生活，无论是市盈率还是市净率，都全面超越母公司花样年，甚至超过中海、华润等香港红筹上市公司，成为中国物业服务行业上市第一股，树立起社区服务运营的商业标杆。那时谁也不会想到，今天的彩生活会成为全球最大的社区服务平台运营商。对于房地产行业而言，第二个春天才刚刚到来。

齐白石有一句话说："学我者生，似我者死。"在潘军看来，去模仿别人，顶多只能成为第二，而参透别人成功的本质，再去粗取精，进一步升华，才可能超越你学习的范本，成为新的第一。这也是潘军对花样年过去很多年走过的弯路的总结。至于彩生活开创的物业模式，他认为理念没变，只不过形式变了。从物的管理到人的服务，表现出来的形态更感性，更具互联网思维。互联网的本质是客户响应机制，这恰恰和彩生活的思维方式是一样的，就是客户至上的原则。

三、高处不胜"寒"

在接下来的几年里，潘军为花样年量身定做了一套"轻资产"解决方案，未来的花样年将转型为以金融为杠杆、以服务为平台、以开发为工具的产业金融集团。2014 年，彩生活在香港上市。2015 年，花样年旗下的另一家企业美易家在北京挂牌新三板。

2016 年是对花样年而言极为重要的一年。此时的花样年，已完成 2012—2020 年"两步走"转型战略规划：由硬到软，由重到轻，整合资源，形成有机生态圈。花样年通过兼并、收购等途径，实现了集团业务体系及模式的逐渐转化，使花样年集团成为专注于生活空间及体验的产业金融集团。经过前四年的努力，花样年已经建立起金融服务引擎，搭建完成社区网络、国际物业两个服务平台，完成了地产、酒店、商业的战略转型，培养和构建了花样年独有的文旅、养生养老商业模式。

市场的冷热没有影响花样年的成长，市场热的时候，他们顺势而为，市场冷的时候，他们也不停止成长。"2015年下半年至2016年，资本和市场遇到了'寒冬'。一些企业选择逃避、'冬眠'，而我们却选择了'冬训'、练兵。"这是潘军为花样年定义的企业精神。

2015年底的桂林，两个月内下了40天雨，阴冷异常。和每一个众志成城的故事一样，花样年"冬训"故事的开端也带着一丝萧瑟。潘军站在花样年集团年会的演讲台上，回忆起2012年来到这里，目之所及还是一片农田。三年间，花样年在这片农田之上起高楼，建房舍，开湖泊，使一座新城拔地而起。花样年的过去和未来在这里交汇。潘军表示，想象中的未来三年，一定比现在还要"冷"，他需要能够和他一起顶风冒雨、四处征战的人。因此，他们要在冬天一起"冬训""冬泳"，而不是"冬眠"。

花样年要在"冬训"时期做什么？潘军想起达尔文的《物种起源》中那段有关丛林法则的经典论述，这一论述正成为中国企业史上的一条公理："存活下来的物种，不是那些最强壮的种群，也不是那些智力最高的种群，而是那些对变化做出最积极反应的物种。"花样年要转型，要重塑核心竞争力，要反思传统管理模式，要优化流程，要优化人才结构，要搭建学习型组织，要消除平台间行业壁垒……综上种种，制度再造，势在必行。

从一个以地产为主业的公司，转变为一个产业金融集团，这样的转变对于一个企业来说几乎等同于脱胎换骨。对于一个如此庞大的系统，制度是所有部件运转的机制保障，制度再造是一切工作的基础。在2016年的多个场合中，潘军都一再对其高管指出："制度再造不能一劳永逸，而是会随着变化时时反省、时时修订。但同时，万变不离其宗，变化的是方法，不变的是我们一直精益求精的精神。"这种精神，最终落实到每一个花样年人身上，就是"冬训"精神。

接下来的四年，潘军将其视作花样年八大业务模式的全面扩张阶段，"冬训"也被赋予了更加宏大的意义与使命。继往开来，战略转型的决心从未如此坚定，变革已如作战图般铺排开来，一城一池稳步推进，变革的动力已从观念突破转向制度创新。一场实战正迎面而来，潘军和他的团队已整装待发。

四、颠覆后房地产时代

2016 年 6 月，中国物业服务领域最受关注的一桩收购案尘埃落定，花样年击败万科、绿城等强劲对手，从万达手中接盘约 6100 万平方米物业面积。花样年布局社区服务行业的雄心和手笔再一次令行业震惊，潘军也再一次被推上了舆论的风口浪尖。

然而三年前，当花样年刚刚开始战略转型时，媒体还习惯用"不务正业"来形容他们。当所有人都认为房地产行业的"黄金时代"已去，接下来要到来的是"白银时代"时，潘军却坚定地认为，伴随着大消费时代而来的新机遇已经出现，"钻石时代"就要到来——未来的中国房地产市场将不再是简单粗暴的圈地卖楼，而是转化为蕴含巨大开发潜力的社区市场。40 年的改革开放在中国大地上形成了 250 多亿平方米住宅，加上工业厂房、办公楼与商业地产，全中国有 400 多亿平方米物业面积。这个庞大的存量市场包含了房地产业已形成的社区消费行业，同时更蕴含着不可计数的消费潜力和想象空间。

收购万达物业，对于花样年布局社区服务行业无疑是有决定性价值的。这一收购动作完善了花样年在整个大中华区域的布局，有效补充了花样年在一、二线和重要三线城市的物业管理面积。随着 2018

年2月万象美（原万达物业）正式并入彩生活，彩生活的行业领先位置进一步确立。这次收购，让业界看到了花样年物业服务品牌的多元化，更让资本市场看到了花样年自身品牌与外部资金的结合能力，以及"社区＋"战略的落地能力、并购能力和整合能力。

　　作为最早进入社区服务行业的领军者，花样年转型的第一步，潘军认为已经实现了，至少全行业都认为花样年给房地产行业带了个好头。更重要的是，越来越多的开发商开始重视房地产后续服务的部分。至此，花样年的模式，基于社区的商业模式，潘军认为基本上都找到了。大家都认为，花样年开启了一个全新的竞争领域。其实创业最难的是找模式、建团队，这两点基本上都完成之后，第三点便是铺市场。社区就是继房地产行业之后的一个新的大市场，这个市场到底有多大？潘军看过一个粗略的统计数据——12万亿到13万亿。现如今能比得上这个行业的，大概就剩金融行业了吧。

归　心

　　潘军时常问自己："为什么要创业？这是我一生的选择吗？"

一、做有温度的社区

　　2016年末，潘军参加了在北京举行的"中国居住与社区价值论坛"，并向业界宣告"社区温度表"这一项新的研究成果的诞生。它背后的发起者，是由花样年、彩生活、世联行、零点有数、中关村大数据产业联盟、中国物业管理协会等联合成立的社区服务研究机构——搜社研究院。为什么花样年一再强调要打造"社区温度"？对此，潘军特别谈到了他对"后房地产时代"，或称"后居住时代"的看法。

首期中国社区温度表发布会

　　过去两年，花样年通过随机调研 15000 户家庭发现，我们的社区关系似乎正在变得越来越冰冷。调研结果显示，80％的人认为邻里关系是越来越冷漠的；50％的人认为邻里之间是不熟悉的，缺乏人与人之间的联系。潘军认为，社区是社会的"细胞"，"细胞"不健康，社会怎么能健康呢？因此他认为，要引导行业健康发展，就应该改变大家对行业的评判标准，要为社区量量"体温"。这是潘军给社区行业提出的一个新名词，也越来越被大家接受。在潘军看来，收购万达物业并不是他最成功的时刻，在北京发布关于社区温度的研究报告，才是他最感自豪的，因为这将成为社区发展破冰的有力武器。以人为例，当一个人失去了正常体温，身体会产生诸多不良反应：高烧超过 39.8℃，人就会思维混乱；体温低于 35℃，就会昏迷、休克甚至死亡。同理，如果社区长期"失温"，又怎么会是一个健康的社区？

　　我们应该如何衡量社区温度？潘军认为有 3 个指标：客观指标、行为指标以及主观指标。这些指标的形成涉及 4 个维度：成熟度、活力度、和谐度和健康度。其中，和谐度是由社区服务来形成的。就像人要定期体检，社区也应该以客户为中心，根据上述指标定期"体检"。

创业需要"变革"，变革最重要的是提出新的评价体系。因此潘军从行为数据、交互数据、社区评价行为和物理数据 4 个维度来重新定义社区，并将社区划分成冰社区、冷社区、温社区和热社区 4 大类。他想起第一次来到成都，第一次走进川大校园，那时大家都是陌生人，那个时候，同学之间的关系是冰冷的；一年以后，大家渐渐进入了熟悉的状态，彼此之间产生了温暖感。20 年后，川大有了遍布全球各地的校友会，从学校来讲，更希望这个组织是一个沸腾的"社区"，彼此之间多互动，产生化学反应。

通过做企业，潘军真心希望能为中国社区的"温暖"做一点贡献。这或许才是其创业的原始初心和最终目标。

二、日行一善，幸福可期

"什么是幸福生活的本源？就我个人而言，幸福其实是一种相对的状态，它总是在不经意的地方突然冒出来。人活一辈子，能感受到幸福的时间是不多的，但只要你拥有过这种感觉，就没有白活。"谈及幸福，潘军别有感触。幸福的命题之于花样年，是要为客户创造有幸福感的生活空间和体验，为员工营造有幸福感的工作氛围。从 1998 年至今，花样年一直在探寻、求索。潘军认为，花样年的核心价值就是追求幸福。在追求幸福的路上，总有一些东西是永恒的。

屈指数来，从 2006 年在井冈山考察捐建第一所希望小学、青年摄影师左力迈出"发现幸福之旅"第一步算起，花样年在做典范企业、典范公民的路上已经走了 15 年。这 15 年来，花样年从身边做起，关注进城务工人员，支持其子女的教育尤其是留守儿童的教育，从幼儿园、小学、初中、高中，一直到大学；资助青年艺术家以摄影、绘画、音乐、雕塑、话剧、美食等艺术化的呈现方式，记录日常生活中的点滴幸福；关注社区里的老人，以社区养老的方式，构筑起人生幸福的归宿。2013 年，花样年公益基金会正式在深圳市民政局注册成立，花样年的公益事业由此变得更为系统化、正规化，艺术公益、教育公益、养老公益三大项目持续进行。

2016 年，花样年捐助吉安希望小学成立十周年庆典

在践行公益事业的道路上，花样年逐渐超越了传统理念，围绕人的全生命周期的服务和体验进行了思考，企业理念也在悄然变化。秉承"花样创造价值"的新理念，花样年期望通过打造品位独特、内涵丰富的生活空间及体验，让客户、合作伙伴、员工感受到工作、生活的乐趣与品质，并通过不断创新的模式，激发大家对幸福更深层次的追求与探索，为全社会的安居乐业贡献力量。而公益责任，则让大家在善行中找到人生的意义和价值，为无差别的金钱寻找到灵魂与出处。

潘军十分赞赏慈济慈善事业基金会（慈济会）为人类慈善事业所做的贡献。其创办人证严上人带领众人从每天往竹筒里存 5 毛钱的善款开始做起，目前已使慈济会成为世界上最有影响力的慈善公益组织之一。这一过程说明，小的事情持续做，就能形成大的影响力，对公司是如此，对个人亦是如此。"日行一善"，即一天只做一件善事，长期坚持，就是莫大的功德。

潘军始终坚信：日行一善，心花盛开；长期坚持，幸福可期。

三、学习，永不止步

2017 年上半年，潘军步履不停，从英国到美国，飞越大半个地球去游学。这趟游学，让他对学习和企业有了更多更深入的思考。

潘军去了美国明尼苏达州。这个只有 500 多万人口的州，拥有 17 个世界 500 强企业，城市富裕且形成了良好的居住文化。它的竞争力来自四个方面：专业、文化传承、优秀的企业带动、优秀的大学。其中，大学成为一个区域文化的核心和源源不断的人才供给者。明尼苏达州一方面通过企业吸引人才，另一方面通过大学不断补充人才，这是十分值得借鉴的。"百年企业"需要文化传承、好的机制和优秀人才，三者缺一不可。没有好的机制，优秀的人会变成"强盗"；只有好的文化、好的机制，没有优秀的人，企业会平庸；只有好的机制、优秀的人，方向会出问题。

在英国，潘军看到了创新与传统的结合。他意识到，文化的根基是不能变的，但形式可以随着客户的需求而改变。我们每一代人都要思考自己对社会的价值，否则企业的发展就不可持续。

关于学习，潘军也有了新的体会：学习的目的是让自己不断进步，但学习不应该拘泥于形式。

潘军认为学习有三种方式：从书本学习知识，与身边的人共同创造，以及独立思考。游学英美之后，潘军认为独立的思考对未来企业、职业经理人的成长很关键。放弃了学习就停止了生长。俗话说，活到老学到老，企业活着的意义，在于不断回馈物质财富，解决用户痛点，解决社会就业问题。

牛津大学马丁学院院长，联合国原副秘书长、环境卫生署执行署长阿奇姆·施泰纳在一次讲课中谈到，未来的世界变化远远不能以过往经验来覆盖。当下，随着人工智能发展，许多人对自己的职业前景感到很悲观。如何让自己不被人工智能替代？潘军认为唯一的出路是不断学习，创造新的智能。例如社区服务行业，原先是没有的，这是花样年在传统行业的基础上创造的新的职业理念和服务体验。这个创造过程需要学科间的跨界。世界正变得越来越多元，在复杂的世界里，人类的思考能力需要进步，最好的进步方式就是独立思考，是跨界。我们正处在一个重大的历史转折期，中国经济在转型，花样年也在转型，这个关键阶段，对于不思考的人来讲，是风险；对于积极思考、积极行动的人来讲，是机会。

通过游学，潘军对未来越来越有信心。他发现，花样年的很多理念已经走在世界的前头，例如社区养老，这一话题在英美也很新鲜。在当下的转型阶段，花样年强调社区服务、产业金融集团、投资能力、轻重结合、国际化。其中国际化的基础，是在某些细分领域的思考要比海外同行更有深度，这就能为花样年创造机会。花样年需要聚焦，需要专业，需要具备学习能力和高尚的目标，这样去做企业，才能形成真正的百年企业。

经验固然重要，但潘军想说的是，经验在未来并不值钱。世界变化很快，现在的经验可能三年后就没有用了，过往的经验更需要与未来的场景需求结合，对知识进行再创造。拥有独立思考、不断进步的能力，才是未来与时代共鸣的关键。这也是他对年轻人的期望。

四、创业是一生的修行

回归本心，创业正如修行，需要心无杂念，需要不以物喜、不以己悲，需要以认真的态度，不带功利心地去走完一段注定孤独的旅程。

多数创业者在修行的过程中，会面临"九九八十一难"，也会面对诸多的诱惑。在这个过程中既要无视世人的轻蔑和不理解，又要修炼出一颗强大的心脏。无数创业者倒在修行的途中，没能修成"正果"。而潘军算是那 1% 的幸运儿，他虽出身草根，却希望以自己的绵薄之力来改变社会，继而去改变世界。

潘军在创业之初就许下一个心愿，他希望他的企业能尽可能多地服务老百姓，为他们过上更好的生活贡献一点点力量，哪怕改善一点点都好。

创立花样年的这二十多年来，创业之于潘军越来越成为一种生活方式。它既不神秘也不特别。每走出一步，潘军都想去看一些自己从未看过的风景。过去在传统房地产开发领域，花样年开创了全新发展模式；如今为了实现向社区服务运营商转变，花样年正式开启了二次创业的新征程。

"我们通过'地产＋社区'双头部战略，轻重并举，致力于打造中国一流的房地产社区'智'造商和最大的社区 O2O 服务平台，成为有趣、有味、有料的生活空间及体验的引领者，为有价值追求的客户提供品位独特、内涵丰富的生活空间及体验。今天的花样年，就像一架待命的飞机，在滑行道上滑行、转弯，不断调整方向后，终于上了跑道。我始终相信这架飞机会一飞冲天。"潘军说道。

潘军给所有同事定了一个大目标：解决 100 万人的就业。现在他们离这个目标越来越近了。2020 年花样年服务了约 12.11 亿平方米的物业。但是，如何在保持数量增长的同时提升服务质量，这是目前困扰潘军的难题之一。

在某种意义上，做企业，也是在追求信仰。花样年要成为有趣、有味、有料的生活空间和体验的引领者，它背后的逻辑，即花样年所信奉的生活方式是怎样的，进一步说，就是人类向往的全生命周期的幸福应当如何实现。这是一个终极命题，值得用一生去求证。

五、初心与使命

习近平总书记说过，要"不忘初心、牢记使命"。潘军也特别谈到了他的初心与使命："这些年来，我其实是持续在创业的，初心未变，未来也不会变。至于怎么看待未来的困难，看待我们遇到过的挫折，我邀请我的好友川子为花样年所有员工写过一首歌，叫《幸福成长》，歌词是我亲自写的，里面有一句是'我们迎着太阳，赶着月亮走，就这样奔跑着，成长着，在花样年华里'。我和我们8万多名同事一起，起早贪黑，为所有业主奔忙，我觉得很充实。"

然而几年前的潘军其实很焦虑，他担心房地产行业未来会面临一个大的挑战，怎么应对，作为企业家必须思考清楚。现在他想清楚了，花样年还有这么多的合作伙伴，潘军想跟他们一起做点有意思的事。

如果不算年龄，潘军骨子里依然是那个喜欢唱歌、弹吉他的少年。"我比两年前减了15斤。我的梦想是50岁的时候再减30斤。等减到160斤，我就准备跟我的一帮兄弟一起去卖唱了。企业的未来，是那些'80后''90后'的。我的心态越来越自信，我的身体和精神状态也越来越好了。"

从潘军1994年第一次来到深圳算起，转眼已经过去了26年。年轻、先锋、创业俨然成为深圳这个新兴城市的标志。潘军作为曾经的川大人，时常怀念那段无忧无虑的求学生涯，川大自主创新的创业精神和海纳百川的包容性，都对他后来的创业经历影响深远。道阻且长，潘军希望更多在深圳的川大学子加入川大深圳校友会，投身创业浪潮。他和其他在深圳的川大校友们在深圳联合成立了"海纳同创"种子基金平台，该平台将持续为全球川大学子的创业事业提供孵化服务，携手为回馈母校而努力。

彩云南端的乘风破浪者

——记川大校友杨建荣

> " 社会发展越来越快，早就过了'一招鲜，吃遍天'的时代。不论什么年龄段的人，都要随时更新自己的知识库。只有不断地学习与进步，才能让我维持一种活力。"

▎人物小传▎

杨建荣，云南丽江人，1985 年考入四川大学法学院。1989 年大学毕业后，被分配到青海省第一安装工程公司暨青海省安装集团工作。后回云南创业，创立泰悦集团。现任泰悦集团董事长，四川大学云南校友会会长。

作为企业家，杨建荣始终秉持"敬天"与"爱人"的价值观，在推动企业快速发展的同时，积极投身公益事业，以实际行动回馈社会。作为四川大学云南校友会会长，他不忘母校栽培，心系川大学子，广泛汇集校友资源，致力于打造高效优质的校友沟通交流平台，尽可能多地服务校友。

川大记忆

杨建荣出生在云南丽江一个山清水秀、人杰地灵的乡村。儿时与土地为伴，与自然为友，造就了杨建荣天性自在、勇敢无畏的性格特点。

1985 年，杨建荣顺利考入川大法学院学习法学。谈起与法学结缘的原因，杨建荣自感兴趣是最好的导师。高考结束后的一个炎热午后，杨建荣家里的收音机正在播放美国当代著名通俗小说家西德尼·谢尔顿的作品《天使的愤怒》的前半段，故事中就读于法学院的詹妮弗·帕克毕业后成为一名律师，正信心满满地为正义而战。这样一个以法律作为武器来捍卫权利、铲除世间不公正的职业让杨建荣心向往之。有时决定命运的转折点来得就是这么悄无声息、似有若无。因为那次无意间的收听，杨建荣对法学萌生了兴趣，促使他在填报志愿时兴奋地写下了"川大法律系"。

"直到现在这个方方正正、砖头大小的收音机还在我家里保存着。"杨建荣笑着说。这个收音机不仅承载着他关于少年时代的美好回忆，更是他无意间与川大法学院结缘的美好纪念。

走出家乡，杨建荣的人生在川大展开了新的篇章。在"天府之国"成都，他体验着慢节奏生活，品味着传统巴蜀文化；在川大法律系学习期间，他接触到了当时最前沿的法学思想，与来自全国各地的优秀学子交流辩论。"这是难忘的四年！每每想起都会无比怀念。"杨建荣如此形容。

美好时光总是如白驹过隙，难忘的回忆都会潜藏心底。在川大法律系的四年里，"法律逻辑学"和"国际法"是杨建荣最喜欢的两门课程。"法律逻辑学"这门课，让他学会了如何分析和判断一个事物的结构。在学习过程中，老师幽默风趣的授课方式，广泛征引的来自现实生活的生动例子，让杨建荣意识到逻辑与生活并不是完全割裂的，生活离不开逻辑，逻辑也渗透在生活的各个层面。后来，他无论是在企业工作，还是自主创业，都离不开在这门课上所培养的逻辑思维能力的帮助。"通过学习，我看待问题的角度和方法都有了改变，同样一个问题，从不同角度切入可以获得不同的结论和观点。"在杨建荣看来，当下人们似乎习惯于先给一个事物贴上某种盖棺定论式的标签，然后对号入座，这其实是非常不可取的，先入为主式的判断很容易导致我们只看到我们想看到的，从而忽略其他细节，这不利于我们全方位认知事物。逻辑常识和逻辑思维其实是文理科都需要的。与一个从未学过逻辑学的人相比，一个学了逻辑学的人进行正确推理的可能性要大得多。也许有人会觉得逻辑学非常枯燥乏味，但杨建荣认为，逻辑是人们语言交流的工具，是人们求知的方法，是人们理性的支撑点。"哪怕是绘画这种形象思维的活动，实则也是有内在逻辑在里面的。"学习一些基础的逻辑知识能够使我们清晰且有效地思考，从而更加成熟、理性，更加积极有效地认识世界。

如果说"法律逻辑学"教会了杨建荣怎样更细致地看待事物，那么"国际法"就教会了他如何站在更宏观的角度分析问题。"国际法"课程中的国际商法部分，对他后来认识民商法则有很大帮助。国际商法中强调了不同的国家在谋求经济发展的同时不仅存在着共同的利益，也不可避免地存在着差异和矛盾。要解决国家之间、跨国公司之间、国家与组织之间，以及不同的法人之间的利益冲突，要使用正确的手段和措施消除分歧，化解冲突，不仅要靠外交途径，也要靠商事往来。因此，商法在国家贸易以及商事往来中扮演着越来越重要的角色。"宇宙万物皆有其自然运转的规律，凡事都是要在规则下运行的。"正是通过这门课，杨建荣更加深刻地体会到，大到国与国之间的外交，小到人与人之间的合作，凡事都要讲规则。

"我当时是好学生，不过是'非典型'的好学生。因为我的学习不是单纯以应试为目的的学习。比起卷面分数，我更在乎除掌握这些知识点外我的能力得到了怎样的提升。"在杨建荣看来，川大近年的教学改革非常值得肯定。降低期末考试分数在学业评价中的比重，更加强调对所学知识的应用和实践，引入小组讨论、翻转课堂等不同于传统课堂教学的方式，让学生从被动学习转向针对问题解决的主动学习，这样才能让学生真正学到东西。结合杨建荣自身的经验，他认为本科阶段不论学什么专业，不论对什么感兴趣，最关键的是在这个人生阶段形成正确的人生观、世界观和价值观。走出学校以后，如果没有从事本专业的相关工作，一些专业知识可能会被慢慢遗忘，但是在大学里所学的思考问题的模式和解决问题的方法会让我们一生受益。

刚从川大毕业时，杨建荣也对具体专攻法律中的哪个方向产生过迷惘。他最初的想法是先看看中外成功的律师都主攻什么方向，再从中选择自己感兴趣的方向，深入钻研，努力走出一条自己的律师路。20世纪90年代初，我国法律制度建设相对而言还不够完善，非诉讼业务在整个法律行业中数量很少，因此当时的律师主要从事的还是诉讼代理业务。随着对诉讼代理业务的了解不断加深，杨建荣渐渐发现这其实并不是自己真正想做的事情。眼前的现实总是与曾经的理想相悖，在看到身边一些律师朋友的工作并不如意后，杨建荣逐渐放弃了做律师的想法，开始重新思考起自己真正想要什么。适逢改革开放后国内经济飞速发展的阶段，各行各业方兴未艾，每天都有白手起家的人成就一番事业的故事上演。这为杨建荣后来下海创业埋下了伏笔。

始于青海，回归云南

1989 年大学毕业后，杨建荣服从分配，来到了青海西宁，在青海省第一安装工程公司暨青海省安装集团工作。不同于家乡云南的山清水秀，也不同于四川成都的悠闲舒适，青藏高原在带给杨建荣壮阔豪迈之感的同时，也让他感到了一丝孤独。好在杨建荣勇敢的性格帮助他很快适应了西北的环境，尽管是刚走出象牙塔，但在面对工作中的挑战时他丝毫不怯惮。杨建荣所做的是类似于董事长秘书的工作，这让他有机会从宏观的角度去了解一个项目具体是怎么运作的。从安装企业的整体运营及主要业务，到企业各个部门的运作方式及人员管理，杨建荣在不断深入接触的过程中补全着自己的能力体系。人们常说机遇与挑战并存，但也只有真正直面挑战，才能触碰到躲在挑战背后的机遇。就这样，杨建荣在解决一个又一个问题的过程中提升了自己的能力，并不断奔向更高更远的方向。

1992 年，因为家庭的原因，杨建荣辞去了青海的工作，回到了家乡云南。回到家乡的杨建荣曾辗转于不同行业：在房地产企业、城市燃气公司做过职业经理，后来也当过律师。不过最终杨建荣也像那个年代的很多人一样，"觉得时机和自身的能力都成熟了，想要带一伙人做些事情"，于是走上了创业的道路。

"创业的原动力就是想挣更多的钱改善家庭状况，甚至家族的生存状态。"杨建荣坦言道。当时他有三个想法。一是在云南开一家律师事务所。他理想中的律师事务所是一个创新的系统，是一个以学术为主、像图书馆一样的学习场所，同时还可以让成员学以致用。可惜这一想法与当时的社会环境大相径庭，他最后无奈地放弃了这个想法。二是选择和"潮人"们一起到深圳去投资。改革开放以来，深圳的发展有目共睹，在当时提供了很多的机会。但杨建荣当时积攒的启动资金根本经受不住投资活动的高风险，因此他还是无奈选择了放弃。最终，杨建荣带着一群人进入了在当时很火爆的建筑机电设备系统集成行业，开始了自己的创业生涯。

创业初期是十分艰难的，对杨建荣来说，最大的困难莫过于缺乏市场经验。尽管有在青海的工作经历，但创业不是将过去的经历复现，而是需要不断思考和开拓。虽然社会上有着种种机会，但对于一个没有先例可参照，没有规则可遵循，没有人脉可依靠的创业者而言，在点滴积累的过程中必定会遭遇很多挫折。克服困难坚持下来，的确是一件不容易的事。在创业初期，由于运转资金有限，本着能省就省的原则，杨建荣常常一人身兼数职，但什么都做不好。除此之外，产品长时间积压，企业无法及时回笼资金，就很容易发生资金链断裂。在发展初期，由于公司规模小，也会出现贷款额度小甚至贷不到款的情况，导致公司无法及时跟进市场，扩大生产和销售。而等到资金量和生产量慢慢起来时，市场的风口早已过去，前期的准备可能化为无用功，陷入恶性循环。尽管困难重重，但杨建荣都坚持挺了过来。他在公司发展过程中始终保持明确的规划和发展目标，遇到困难时迅速调整自己的心态，不让一时的失意改变其志向与抱负。同时，他持续学习新知识，并将知识运用到工作中。这都是在最艰难的时期支撑杨建荣的秘密武器。

从最初建筑机电行业的小公司到现在的泰悦集团，不知不觉已过去20多个春秋。这些年里杨建荣砥砺前行，同时也一直坚守着心中

"敬天"与"爱人"的价值观。敬天是尊重自然规律。创办企业需要尊重企业发展规律，不能好高骛远。要把基础打牢，先服务好小客户；有了资源积累和业界口碑后，再慢慢做大做强。爱人是要与人和谐相处。做企业一定是和人打交道，不仅要拿得出品质过硬的产品，更要拿出足够的诚意和追求共赢的态度。如果学会了做企业却忘了怎么做人，这是得不偿失的。在杨建荣看来，"不管是一个企业，还是一个人，尊重客观存在和规律，保持厚道和善良，才能走得更远"。这不仅是杨建荣在平时为人处世时坚持的态度，也是他在事业发展上承袭的理念。

如今，泰悦集团的主营业务涵盖房地产投资开发及运营管理、建筑机电设备安装工程总承包、旅游文化产业投资开发和运营管理、特色小镇和田园综合体投资开发。尽管业务涵盖范围广，但各业务间又有相辅相成的关系。杨建荣希望集团从上游出发，将自己的建筑机电系统设备用到自己的精品酒店中，逐渐打造出自己的企业生态。

"吃水不忘挖井人"，企业的发展离不开社会的支持和国家的帮助，泰悦集团也一直践行着回馈社会的责任。在脱贫攻坚战中，杨建荣积极响应国家号召，带领企业走出了坚实一步。作为以带动村民致富为社会目标的云南省农业产业化龙头企业和扶贫企业，泰悦集团对口精准扶贫的建档立卡贫困户达到8户——这是个不小的数字。杨建荣也以实际行动关注、关心、帮扶对口的贫困户，在帮助他们寻找适合的工作、探索适宜的产业发展模式的同时，与他们建立起了深厚的感情。如今，脱贫攻坚战取得全面胜利，杨建荣仍持续关注着曾经所帮扶的贫困户，并用自己的经历激励着这些朋友们。以实际行动助力扶贫，不仅是杨建荣个人责任意识的体现，更是企业社会担当的体现。

杨建荣在对他人施以援手时，还注重企业自身的可持续发展。他最关注的是企业自主创新能力建设。杨建荣希望未来能够在建筑机电领域跟专业科研机构合作，展开技术创新研发，争取在现有基础上取得新材料、新工艺、新设备方面的突破。无数成功企业的实例证明，企业必须要有牢牢掌握在自己手里的关键技术，才足以在瞬息万变的市场中立足。

"责任企业，良心企业"是泰悦集团所秉持的核心价值观，"关注品质，熔炼价值"是泰悦集团所倡导的企业文化。在杨建荣看来，一个成熟的、负责任的企业应当实现多方面的价值目标。

首先，从国家和社会层面来看，企业的发展目标要与国家与社会的发展目标相一致，企业应积极响应国家的发展战略与规划。一方面，对于参与到国家战略进程中的企业，国家会给予各方面的支持，帮助企业更好地发展；另一方面，企业的发展成果可助力国家完成社会发展目标，让社会得到发展，整个市场环境也会变得越来越好，这是一个双赢的结果。杨建荣始终秉持与国家发展步调一致的态度，积极响应脱贫攻坚以及绿色环保可持续发展战略。

其次，从企业与客户之间的关系来看，两者是相互促进、互惠共赢的合作关系。为客户提供优质的产品和周到的服务，是企业发展的根本。如果一个企业靠欺瞒消费者、卖低劣产品赚钱，那这个企业一定是做不大、做不长久的。一个好的企业会想着如何帮助客户实现利益最大化，这样的企业才能收获人心。有了群众基础，企业的做大做强只是时间问题。

再次，从企业经营的价值观来看，企业必须以稳健、诚信的经营和突出的竞争力维护投资者的权益，对市场、投资者和自己负责。"好事不出门，坏事传千里"，诚信的名声积攒起来是很难的，但失去诚信也许只需要一次决策失败。因此，企业的决策需要步步为营，为企业负责。唯有如此，企业才能走得长远。同时，要在诚信的基础上与合作伙伴制定双方都认可的规则，以诚相待。在杨建荣看来，当今的市场环境中"没有单打独斗的英雄好汉"，一件产品到达消费者手中，需要上下游成百上千家企业共同参与，这样一条稳定的生态链是所有企业可持续发展的前提。因此，企业要意识到合作伙伴的重要性，因为好的合作伙伴能为企业自身发展提供极大助力。

最后，从团队的核心价值观构建来看，一个成功的企业必然建立在共同认可的发展理念上。一方面，团队要能够为企业创造价值；另一方面，企业也要有担当，通过打造完善的企业文化，为员工搭建能够创造和分享价值的平台，使员工在收获薪资的同时也收获成长。如果企业的员工"身在曹营心在汉"，大家的劲儿使不到一处上，企业自然是举步维艰。

回首昨日，杨建荣正是凭借坚守这几大价值目标在汹涌澎湃的市场里乘风破浪，收获了一群志同道合的合作伙伴，从而使企业一步一步走得很坚定、很踏实。展望明天，杨建荣对挑战毫不畏惧，对未来充满期待。

"我这些年一路走来，只想全心全力做好三件事。第一，照顾好家人。血浓于水，无论什么时候，家是一个人最温暖的港湾，家人是在你最落魄最失意的时候都会默默支持你的人。我所做的一切都是为了让家人有更好的生活。第二，维护好有缘的圈子。在这个圈子里，大家能彼此分享，还能贡献更多的正能量和价值。人的成长与发展离不开他人的帮助，单枪匹马是走不长远的，互相扶持，彼此照应才能携手前进。第三，我想实实在在地干几件力所能及的事情。小家的发展离不开大家，只有整个市场处在一个良好的社会环境中，企业才能进步和发展。能在自己的能力范围内为国家为社会做点事情，那就切切实实把它做好。"杨建荣看似简单的话语里蕴含着他浓厚的家国情怀。正如企业从以逐利为目标回归到可持续发展上一样，杨建荣也褪去了名利场的浮华与躁动，找回了那颗纯真的赤子之心。

杨建荣始终坚持人应该持续深造的理念。"社会发展越来越快，早就过了'一招鲜，吃遍天'的时代了，不论什么年龄段的人，都要随时更新自己的知识库。""只有不断地学习与进步，才能让我维持一种活力。"工作之余，杨建荣还参加了长江商学院 EMBA 课程的学习，在汲取知识的同时，也结识了不少志趣相投的商业伙伴。"学习就像在一个圆锥上向上爬，越往上走，越容易和同平台优秀的人相遇。"在此期间，杨建荣因为热心校友事务，被推选为川大云南校友会会长，从此开始为母校和校友服务。

回报母校，服务校友

杨建荣在毕业后始终心系母校的发展，尤其是被推选为川大云南校友会会长后，他深感责任重大。"刚开始我也很忐忑，怕工作、校友会两边顾不过来，辜负学校和校友们对我的期待。"但经过几年时间的检验，杨建荣的担心并未出现，相反，他带领着川大云南校友会越做越好。在杨建荣看来，校友会不仅是一个川大校友相聚的平台，得益于川大综合性大学的优势，校友会还为校友们跨领域交流合作提供了契机。所以他乐于从事这件于母校、于校友、于自己发展都有利的事情。

杨建荣是一个对人对事要求很高的人，他喜欢在做事之初就给自己定下一些目标。和做企业一样，杨建荣对川大云南校友会的发展也有着自己的期待与规划。"川大校训是'海纳百川，有容乃大'，这不仅是一种办学理念，更是一种传承至今的校风，成为川大人身上共同的气质。川大人走出校园后，也因这份共同的情怀和记忆，重新相聚在一起。"因此，杨建荣和校友们经过认真商议，共同确立了"服务校友，快乐自己"的会训。这也体现了川大云南校友会的公益情怀：他们力求在汇集广大校友资源的同时，尽可能多地服务校友。乌鸦反哺，羔羊跪乳，杨建荣不忘求学时期母校对他的栽培，至今都在努力回馈学校并帮助学弟学妹们。

在杨建荣看来，校友会不仅要举办联谊活动来活跃氛围，加强校友间的联系，更要共享资源，互帮互助。于是，云南校友会除了举办不定期的联谊活动，还制定了校友普惠服务计划。最值得推崇的就是学习和就业协助计划。校友理事会每年都会为刚被川大录取的云南籍新生举办入学前的迎新见面会，对他们进行入学辅导。对于其中的贫困生，还会给予必要的帮助。"18岁是人生的一个重要转折点，高考只是转折的表现形式，更重要的是高考后面对未来做出的规划与选择。"因此，杨建荣十分重视每年的新生见面会，希望能够帮助刚刚走出高中校园的学弟学妹们迅速找到方向和目标，希望他们能利用好川大优秀的资源和平台，为自己的人生理想奠定好基础，度过充实而难忘的大学时光。同样，在每年的毕业季，校友会还对回滇发展的校友提供毕业实习和就业方面的帮助。尽管当今社会信息流通迅速，但还是会出现优秀企业和优秀毕业生对接不上的情况。这时，校友会就起到了非常重要的作用。校友会提供了便利的平台，帮助优秀毕业生快速和优质企业对接，既给企业节省了时间，也为毕业生提供了较高的起点。"母校是一种情怀，尤其是20岁左右遇到的人和事是一辈子难忘的。"在杨建荣看来，校友在回馈母校的同时，也是以一种奉献的方式回忆自己的青春。

川大云南校友会不仅关心初出茅庐的校友，也关注老一辈的校友。校友会制定了敬老计划，会不定期地组织校友探望慰问在云南生活的65岁以上的老校友们。就这样，不同年龄段的人因为同一所母校而将心连在一起，老一辈的校友也会给年轻一代分享自己的人生经验。"我一直很感谢新一届理事会的成员对我工作的配合，以及云南校友们对我们工作的支持，这些也都是我不断进步的动力。"杨建荣还兴致勃勃地介绍了新一届川大云南校友会在组织机制、经费机制、活动机制方面的一些创新之举。

"由于川大云南校友众多，每个人的需求都不一样，所以在组织活动时往往'众口难调'。为此，我们做了一些创新来激发校友会的活力。"在组织机制方面，川大云南校友会坚持在理事会副会长、副秘书长设置上，文、理、工、医、商和老、中、青兼顾配置，使其有广泛的代表性来保障校友之间的沟通顺畅。在经费机制方面，川大云南校友会在广泛征求意见的基础上，尝试不以会费的缴纳作为入会的门槛，而以会费预算为基础，自愿捐助。同时，理事会托底，满足会费日常开支需要，并尝试通过校友微商城为校友提供增值服务，增加会费收入来源。

在不断优化川大云南校友会自身运转机制的同时，杨建荣还注重加强与川大其他兄弟校友会以及其他高校在滇校友会的沟通互动，为川大在滇校友拓展联谊空间，响应母校"双创"工作的系统性安排。同时，他结合川大在滇校友创业发展的实际情况，逐步建设服务于"双创"校友的服务体系和机制，"希望能够扩大川大云南校友会在兄弟院校中的影响力，让更多的云南校友能以自己来自川大而感到自豪"。他也希望通过校友情怀这一强大基础来打造价值创造和分享机制。

当听闻李言荣校长提出的"校友是科技成果搬运工"的提案时，杨建荣很激动。他迅速响应李校长的提案，召集理事会成员商讨如何将云南校友会以及云南本地实际发展情况与科技成果转化联系起来，并最终形成可落地的方案。云南是一个环境优美的资源大省，其地理位置又能够辐射南亚和东南亚，是响应国家未来发展计划的重点省份，这些都是云南发展的优势。但总体来说，云南的高新技术产业起步较晚，主要经济结构尚处在积极转型阶段，经济社会发展相对缓慢和落后。在分析云南实际发展情况后，杨建荣认为校友会在助力母校科技成果转化方面大有可为，校友会可以借助母校的技术成果转化优势，依托本地的校友企业，促成校地、校企产学研合作。杨建荣认为，利用云南环境优雅的天然优势，医疗康养、绿色能源和绿色食品是可以重点发展的三个特色方向，尤其以华西医疗作为核心的医疗康养相关产业在昆明落地，可为未来扩大川大在滇影响力提供极佳的契机。他希望将来能在这三个方面促进校地、校企合作，并为云南校友提供更多的机会和平台。

"服务校友，快乐自己。学校重视并且热心传播校友会的价值，那么我们也会砥砺前行，以'海纳百川，有容乃大'的校训为指引，建立良好的校友会文化。云南校友会也才刚刚出发，一切任重而道远！"杨建荣真诚地说。

力学笃行，面向未来

在杨建荣看来，自己是一个自律且拥有年轻心态的人。作为一名企业家，公司的长远发展总会遇到各种各样的问题，他偶尔也会感到焦虑。这时杨建荣就会通过运动来调整自己的心态，恢复自己的精力。

人到中年，上有老下有小，做起事来难免畏首畏尾。这个时候，拥有拿得起放得下的心态就显得很重要。面对挑战，杨建荣会放平心态，不去计较得与失。如果是过去做了错的决定，让它翻篇就好了，从中吸取教训，让航行时留下的痕迹指引未来的方向。一味地沉溺于失去的东西，反而会让人驻足不前。

谈到对川大学弟学妹的寄语，杨建荣想到了自己即将从临床医学专业本科毕业的女儿。他笑道："他们都是同龄人，我想说的可能跟我平时说给女儿的话差不多吧。"他认为，本科阶段最重要的是打好基础，不论读的是什么专业，不论将来是否要从事与自己所学专业相关的工作，一定要在这四年间搭建起基本的知识结构和逻辑思维体系，为将来做好准备。时代发展越来越快，一个人很难一生只从事一个行业。有可能大学时学的专业知识，从交完期末试卷的那一刻起就再也用不到了。"重要的是我们通过学习一门课程，自我总结摸索出学习一门新知识的方法。"杨建荣指出，进入社会工作后，当在某个行业不如意时，我们可能会萌生出转行的想法，这时本科阶段搭建起的思维体系和摸索出的学习方法就起到重要作用了。

在心态方面，杨建荣建议大家不要太焦虑，也不要太功利。作为尚未进入社会的学生，还是应当把学业放在第一位。"处在什么样的人生阶段，就把这个阶段该做的事做好。"杨建荣指出，在校期间，在学好专业知识之余，还可以借助学校提供的各种平台和机会，尽可能多地发展一些兴趣爱好，多参加一些社团活动和社会实践，多与身边的人沟通交流，在扩展视野的同时也能打开思维。川大是一所综合性大学，文、理、工、医、商、艺各专业交织；川大学子未来会在世界各地从事各行各业的工作。我们可以去接触不同的人，感受不同学科的魅力，产生思维的碰撞。在校园里，有良好的学习环境，有良师益友陪伴，有丰富的资源可供使用，我们理应积极探索不同的生命体验。

在人生的黄金阶段，要学会思考人与人、人与自然、人与社会的关系。在与同学、老师、家庭的日常相处中，要学会换位思考，只有理解他人才可能真正理解自己。同时，要多走进自然，亲近自然，一方面能强健体魄，为自己建立一种排解压力、调节情绪的有效机制，另一方面也能从自然中汲取为人立身的养分。人是万物之灵，但不是万物主宰。我们可以在动物身上看到人类一些复杂群体活动的基本形态，我们可以从大自然的鬼斧神工中体悟到人类的渺小，以一种更加谦卑的姿态与自然和谐相处。人生活在社会中，在接受学校教育的同时也接受着社会的教育，因此要建立起一种以自身所学服务他人、回馈社会的意识。我们在享受权利的同时，也应该履行义务，形成获取、回馈的正循环，让社会变得越来越好。无论学什么专业，从事什么行业，我们都应在对他人和社会的奉献中实现个体价值。

杨建荣指出，最后也是最重要的，是要培养应对挫折和困难的能力。心理疾病已成了现代人身心健康的一大杀手。现代人面对的挑战越来越多，竞争越来越激烈，如果缺乏自我调节的能力，在遇到困难和挫折时很容易陷入恶性循环。人生在世，没有谁是不会遇到挫折和困难的。当学习、工作遇到瓶颈和阻力时，不妨放下手中的事，到球场上运动运动，或者约上三五好友吃个饭、谈谈心，这些都是极好的缓解压力的方式。面对压力时如何释放压力，遭遇困难时如何克服困难，碰到挑战时如何应对挑战，面对失败时如何走出阴影，都是人生必做的功课。

专业创造价值

——记川大校友寇晓康

"专家、学者不能不问世事，而应该积极参与社会变革。真正的技术应该服务于现实世界，推动社会进步，这样知识才能最大化地发挥价值。"

▌人物小传▌

寇晓康，1967年出生于陕西周至，两次获得国家科技进步二等奖，享受国务院政府特殊津贴专家，中国离子交换树脂行业委员会副理事长，西北工业大学、西安建筑科技大学硕士研究生校外导师，南京大学特聘产业教授，陕西省"三秦人才"，陕西省功能高分子吸附分离工程技术研究中心主任及技术带头人，西安市"科技创新企业家"。现任西安蓝晓科技新材料股份有限公司总经理，四川大学高分子校友会副会长。

寇晓康于1986年考入成都科技大学（四川大学前身之一），就读于高分子材料系，毕业后进入西安电力树脂厂工作，历任技术员、研究所所长、总工程师。2005年，寇晓康加入蓝晓科技并担任总经理，积极推动国内吸附分离技术自主知识产权产业化，促进下游工业领域技术革新，推动中国吸附分离材料产业参与国际化高端制造竞争，并推动行业向高技术领域拓展。

追忆往事，青涩甜蜜

忆及在大学求学的点点滴滴，寇晓康感慨颇多：那是一段既青涩又甜蜜的青葱岁月。

1967年，寇晓康出生在关中农村一个普通的农民家庭，"耕读传家，认真做事，踏实做人"是这个家庭一贯的家风。1986年，肩负父辈的希望，寇晓康在高考中取得优异的成绩，并如愿被第一志愿成都科技大学录取。背着简单的行囊，坐上南下的火车，寇晓康来到向往已久的"天府之国"，开始了他在象牙塔的生活。

入学伊始，和大部分大学生一样，他也曾茫然过：大学到底能给自己带来什么？如何改变自己的生活？寇晓康一直在思考、在探究……

在大学求学的四年间，寇晓康属于默默无闻的那一类人，和同学们一起上课、做实验、考试、看电影、交友……夹竹桃开了又谢，大学生活转瞬即逝。大学四年，他度过了自己人生中最美好的年华，掌握了基本的专业技能和学习能力。在写作毕业论文《水致孔法悬浮聚合法生产苯乙烯－二乙烯苯共聚白球工艺研究》期间，他在对课题创新点的理解和方案设计方面得到了一向以严谨著称的导师的高度肯定。这个课题也使他与离子交换树脂结下了不解之缘，开启了他此后30多年来对离子交换与吸附树脂坚持不懈的研究。

独辟蹊径，矢志创新

"历尽天华成此景，人间万事出艰辛。"

大学毕业后，寇晓康进入能源部下属化工企业西安电力树脂厂工作，从技术员、研究所所长一直干到总工程师。在此期间，寇晓康考取了西北工业大学高分子材料专业硕士研究生，并于 1997 年取得工学硕士学位。寇晓康重视将学术研究与生产实践紧密结合，在工作、学习中积累了大量的生产经验和技术基础，形成了务实、专研、敢于创新和博采众长的作风。

20 世纪 90 年代，随着市场经济改革的不断深化，寇晓康逐渐发现，离子交换与吸附树脂行业无序竞争严重，技术创新不足而且严重滞后。我国尽管是离子交换树脂的生产大国，但长期处于产业链末端，行业门槛较低，整个行业的高端市场全部被国外公司垄断。基于对工业领域发展趋势和国内宏观经济形势的精准把控，寇晓康认真分析了行业特点，决定以市场为导向，以科技创新为基础，避开吸附分离技术通品行业的"红海"，开创一种新的发展模式，主攻特种离子交换与吸附树脂领域，积极开拓"蓝海"市场。

寇晓康首先选定的方向，是果蔬汁系列专用树脂。2000 年前后，针对欧美市场，国内浓缩果汁生产行业主要采用活性炭工艺生产产品，不仅生产成本较高，而且存在浑浊、色值稳定性差、指标可控性较弱、污染严重等问题。由于产品质量不够稳定，我国的果汁产品屡屡遭到禁售，严重影响了果汁出口企业的发展。瞄准了这个市场机遇，凭借对市场方向的准确把握，寇晓康开创性地将吸附树脂应用于浓缩果汁的生产之中。他主导完成了国家高技术研究发展计划（863计划）项目"浓缩果汁质量控制技术研究"，国家重点新产品项目"LSA－800B果蔬汁中甲胺磷选择性功能吸附树脂"，有效解决了果汁生产中脱色、浑浊、农药残留、棒曲霉素超标等问题，同时也降低了成本，解决了污染问题。

2005年担任西安蓝晓科技新材料股份有限公司总经理后，寇晓康利用企业自身的设备和设计力量，主导研发了橙汁脱苦专利设备。产业化验证表明，该设备可以将含5%果肉橙汁直接送入吸附单元处理，减少了果肉滤除和回兑工序，大大降低了生产运行成本，这在国际上属于首创。

从零到国际水平，从替代产品到果汁生产线中核心装置之一，寇晓康主导的完全自主知识产权的果汁系列树脂产品和自动化控制装置，目前已应用于国内100余条浓缩果汁生产线，牢牢占据了中国果汁市场98%的份额。同时，这也给企业带来了数十亿元的经济效益。经过多年的研发与应用，蓝晓科技现已成功开发了用于苹果汁、梨汁、葡萄汁、石榴汁、橙汁等果汁品种的系列食品专用树脂，有效解决了果汁行业色值、浊度、糖酸比、棒曲霉素、农药残留等方面的问题，将中国果汁行业精细化生产水平推向国际先进水平。2008年，中国浓缩果汁产量占全球产量的70%以上，生产技术处于国际领先水平。

果蔬汁系列专用树脂产品和装置技术的成功开发与产业化应用，不仅奠定了蓝晓科技在特种树脂领域的开拓者地位，也是寇晓康在树脂领域迸发出创新力量的开端。对于寇晓康而言，创新才刚刚开始。

头孢菌素 C 是继青霉素之后，在自然界中发现的第二种 β—内酰胺抗生素，是目前广泛使用的系列头孢菌素的原料，在医药工业中占有十分重要的地位。中国是头孢菌素 C 的最大生产国。头孢菌素 C 由发酵法制备，从发酵液中分离纯化头孢菌素 C 是生产过程的主要环节之一。寇晓康带领团队研发的头孢菌素 C 分离纯化树脂打破了国外企业对于头孢菌素 C 分离纯化树脂的垄断，目前占有市场份额 50％以上。他主导研发的固定化酶载体属于医药领域的功能高分子材料，推动了国内制药行业 7—ACA（7—氨基头孢烷酸）间体生产从化学法向酶法转化，解决了化学法工艺带来的环保问题，降低了生产成本，促进了产业升级，是中国头孢生产工艺技术革命的一个重要里程碑。蓝晓科技也因此成为目前国内最大的固定化酶载体产业化供应企业，有 6 个系列 20 多个品种在半合成抗生素 6—APA（6—氨基青霉烷酸）、7—ACA 和 7—ADCA（7—氨基去乙酰氧基头孢烷酸）的生产中被广泛使用。如今，中国的头孢中间体生产一跃成为世界第一，产量在全球总量中的份额由 50％以下上升到 95％。一些欧洲知名公司因失去竞争力，陆续从自产转向进口中国产品。

伴随国家中药现代化进程的加快，吸附分离工艺在中草药有效成分的提取方面得到了越来越多的应用。继西药原料药领域的成功突破之后，寇晓康和他的团队研发出了中药及植物有效成分提取树脂，可用于生物碱类、多酚类、黄酮类、皂苷类的提取、分离以及精制纯化，具有吸附量大、分离纯度高、强度好等特点。在复方中药的制备方面，吸附分离技术相比其他工艺能更有效地保留小分子有效成分，减小药物的剂量。随着对复方药剂各组分药力和有效成分检测难题的解决，吸附分离树脂将在中药领域得到更为广泛的应用。

此外，在生物药方面，蓝晓科技积极开展新兴领域工艺及材料研发、推广，以推动吸附材料产业向高端制造发展，产品及技术已成功应用于多肽固相合成领域，成为全球知名的该领域原料供应商。在生命科学品系疫苗、血液制品制备原料方面，蓝晓科技亦有新产品成功研发，并具有了一定的市场影响力。

寇晓康较早就师从张全兴院士、王槐三教授从事有毒有机物废水资源化处理研究。作为主要参与人，他参与的"树脂吸附法处理有毒有机化工废水及其资源化研究"项目获 2001 年国家科技进步二等奖。2004 年，"高浓度芳香类工业废水资源化处理技术及装置"项目获科技部中小企业创新基金支持，并于 2007 年在圆满达成各项指标后通过验收。2007 年，"有机工业废水回用技术及装置研发生产"项目获西安市科技局专项支持，2009 年 2 月通过验收。通过十余年的产业化实践，在寇晓康的带领下，蓝晓科技已成功开发出有毒有机物高效吸附树脂 3 个主系列近 10 个品种，已在 20 多种化工农药医药产品及中间体的生产废水处理中得到广泛应用。

在金属领域，寇晓康带领团队研发的树脂法湿法冶金工艺及系统装置，在复杂、低品位矿石资源的开发利用及有价金属的综合回收等方面，具有突出的优越性，可应用于镓、锂、铜、铀、金、镍、铟、铼等稀有金属的提取，成本优势明显。

蓝晓科技在镓提取应用中创新了吸附分离技术现代服务业模式，将技术、管理和资本融于技术服务体系，解决了镓行业成本高、产能散的问题，技术覆盖国内 80％以上的生产线。目前与蓝晓科技合作的氧化铝生产企业数量逐年增加，国内大型氧化铝生产企业，如东方希望、中国铝业和兴安镓业等均系公司战略合作伙伴。

企业的发展必须紧跟经济形势和产业政策。企业在发展，寇晓康也在时时关注国家产业政策和经济形势。近年来，随着一系列国家战略规划和举措的出台，新能源汽车和电动工具、电动自行车、新型储能等成为国家重点投资发展的领域。而新能源汽车的核心之一为动力电池和动力电池材料，其中，锂动力电池正极材料的应用最被看好，锂产品行业发展前景十分广阔。这引起了寇晓康极大的关注。

传统的提锂技术中，矿石是锂的主要来源。其实，我国拥有丰富的盐湖资源，盐湖卤水中也存在着丰富的锂资源。但是由于盐湖卤水组成复杂，伴生元素较多，以及高含量镁的存在，从盐湖卤水中提锂存在着较大的技术障碍。

蓝晓科技从 2009 年即开始进行盐湖卤水提锂、铷、铯等金属的技术工艺、材料的研发。经过近十年的潜心攻关，在盐湖卤水资源分离、综合开发利用方面，蓝晓科技已形成自有的吸附分离核心技术及材料，并先后取得盐湖提锂工艺方面 5 项发明专利。蓝晓科技自主研发的吸附分离树脂材料能从稀溶液中吸附、富集金属离子，对不同金属离子具有不同的选择性，因而特别适合从低品位矿物、尾矿的浸液或矿浆中提取金属，可有效降低高镁锂比盐湖卤水中的镁锂比，且吸附量大，强度好，使用周期长，可满足高纯度碳酸锂的生产要求，同时在分离性能相近的金属方面起着至关重要的作用。与传统工艺相比，这一技术的提取效率和经济性更高，具有成本低、储量大的优势。蓝晓科技于 2017 年底将吸附分离技术成功应用于盐湖卤水提锂，实现了产业化生产。

蓝晓科技将吸附分离技术成功应用于盐湖卤水提锂，正是企业洞察行业趋势、长期大幅投入的结果。蓝光科技的技术突破不仅大大提升了企业的知名度，更促使离子交换树脂行业获得了极大的市场关注，大大提升了行业知名度和影响力。可以说，创新带来的发展远远超越传统模式带来的发展。

艰苦奋斗，终有收获

每一个成功人士的背后都有诸多艰难和辛酸，寇晓康也不例外。对寇晓康来说，创新充满着荣光和喜悦，但同时也伴随着艰辛和荆棘。

2009年，吸附分离材料产业化推广进入关键时期，蓝晓科技为国内一家镓生产龙头企业设计了提镓装置，并提供了价值400万元的吸附分离材料。但使用一次之后，材料性能就迅速衰减、报废，他们在3个多月内反复试验了五六次，但都失败了。"单个项目一下子砸进去2000多万元，我压力很大，感觉天都是黑的。即便如此，我丝毫没有想过要退却。大学毕业的时候，我就选定了这个专业、这个行业，我希望通过努力，将吸附分离技术应用到人类生活的方方面面，希望以科技改变人类生活。这是我的兴趣，更是一种责任、使命，或者说情怀。"寇晓康如是说，"最后通过逐个环节排查，我们找到了应用工艺中的'漏点'，彻底解决了这个问题。这个'学费'没有白交，我们对装置设计、应用工艺等各个环节有了更进一步的了解和把控，进一步创新了服务模式。由此，公司成为目前行业内唯一能够提供新材料产品、系统装备、技术服务的专业企业。"

"幸福都是奋斗出来的"，美好生活来自艰苦奋斗。奋斗是个人精神与时代精神的契合，每个人在独自奋斗的同时，也将共同创造伟大的时代。寇晓康个人以及蓝晓科技的发展历程，正是最好的证明。

值得一提的是，在大学求学的四年，不仅决定了寇晓康的人生轨迹，让他收获了知识，掌握了学习方法，更让他收获了爱情，遇到了与他志同道合的人生伴侣。寇晓康的夫人高月静也是川大人，并且曾以专业第一的成绩获得学校优秀毕业生荣誉，此后在西北工业大学获得高分子材料硕士、博士学位。寇晓康与高月静夫妇在创业道路上可谓互帮互助、比翼双飞。2018 年 1 月 8 日，国家科学技术奖励大会在人民大会堂隆重召开，寇晓康、高月静夫妇以"吸附分离聚合物材料结构调控与产业化应用关键技术"荣获国家科技进步二等奖，一时成为业内佳话。这也是国家对他们在推动行业进步和技术革新方面做出的贡献给予的高度肯定和褒奖。

高月静在功能高分子材料合成与应用方面具有近 30 年的研发及产业化推广经验，对宏观经济政策及行业发展趋势有着精准的预判。2001 年，基于强烈的家国情怀，高月静毅然放弃海外优厚的条件，选择在相对欠发达的西部地区组建西安蓝晓科技新材料股份有限公司并担任董事长，致力于吸附分离技术和材料工艺研发和应用推广。

寇晓康与高月静夫妇以富有前瞻性的眼光，力推公司业务国际化，开展国际资源与技术合作，实现了行业内首个高端吸附分离材料和系统集成装置向海外高端市场的技术输出。蓝晓科技的创新活力，正带领行业走向全球产业链高端。2015 年 7 月，蓝晓科技在深交所创业板成功上市首发，成为行业内首家成功登陆 A 股资本市场的企业。

作为总经理，寇晓康带领蓝晓科技组建了西北最大的省级功能高分子吸附分离工程技术中心。该中心有科研人员 80 余人，专业方向涉及食品、制药、湿法冶金、环保、化工等，核心技术全部为自主知识产权。企业另有 40 人的应用技术专业团队，长期致力于吸附分离应用技术的工艺研发、产业化攻关，为终端客户提供应用技术保障。"企业发展得益于产学研深度融合。"寇晓康对此深有体会，"协同创新使高校科研人员的智慧直接进入生产领域，通过企业集成、引进、消化、吸收，创造出新的生产工艺、新的技术和先进的管理模式，加速创新成果转化，也让企业发展赢得先机和动力。"产学研融合发展，让团队科研能力快速提升。在寇晓康的主导下，蓝晓科技 2016 年与南开大学共建联合实验室，2018 年组建张全兴院士专家工作站，充分发挥专家及行业内知名高校的专业力量，进一步提升企业自主创新和集成创新能力，共同开展科技攻关。

近年来，寇晓康带领团队先后完成国家高技术研究发展计划（863 计划）项目 2 项、科技部创新基金项目 2 项、国家重点新产品项目 2 项，荣获国家科技进步二等奖 2 项、陕西省科技进步奖 2 项，主编普通高等教育"十一五"国家级规划教材 2 部——《高分子物理教程》《高分子化学教程》，出版学术著作 1 部——《离子交换与吸附树脂在制药工业上的应用》，在国内外学术期刊发表论文 30 余篇，获得专利 30 余项。

寇晓康团队荣获国家科技进步二等奖

在寇晓康的带领下，蓝晓科技将合成技术、应用技术和系统集成技术凝练成独树一帜、应用自如的三大优势技术，已发展成为当之无愧的行业龙头和明星企业。随着公司的影响力逐步增大，寇晓康经过深入论证，就公司未来主要战略，提出了以原有分离纯化核心材料为基础，充分发挥公司的系统工程集成能力，积极构建产业平台，提高制造水平，增加品系；同时强调以科技创新推动纯化分离材料在新兴领域的应用，提出了多肽、蛋白、病毒等生命科学领域以及新能源、废水资源化等领域的新研发方向。

目前，蓝晓科技在技术创新、产业化、新兴应用领域拓展方面已凸显出较强的综合实力，正在实现行业高端制造基地、高技术应用领域板块式发展、国际化等产业布局，以材料、设备、工艺三方面的综合技术优势参与全球高端竞争。

践行承诺，回报社会

党的十九大报告提出"激发和保护企业家精神，鼓励更多社会主体投身创新创业"，充分肯定了企业家的创业精神和创新成果，激发了他们继续改革创新、续写新篇章的动力和信心。企业是依法自主经营、自负盈亏、自担风险、自我约束、自我发展，权利、义务、责任相统一的市场主体。企业承担的社会责任，要求企业家必须打破把利润作为唯一目标的局限，更多地关注企业对社会的贡献，在创造社会财富的同时，增强履行社会责任的荣誉感和使命感，怀报致富思源、回报社会的情怀，承担起更多的社会责任。

寇晓康是行业内知名的专家，也是优秀的企业家，在他的身上，既有高级知识分子的沉稳和儒雅，也有杰出企业家的敏锐和灵活。他常说，希望自己成为一名儒商。为此，他积极履行着一名专家学者、一名优秀企业家应该承担的社会责任。

作为西北工业大学、西安建筑科技大学硕士研究生校外导师，南京大学产业教授，行业权威期刊《离子交换与吸附》的编委，寇晓康醉心于学术研究和科技攻关，但更注重技术的产业化应用。他认为："专家、学者不能不问世事，而应该积极参与社会变革。真正的技术应该服务于现实世界，推动社会进步，这样知识才能最大化地发挥价值。不论是技术专家，还是有良知的企业家，都有责任架起书本和产业之间的桥梁，使学生增强学习兴趣，为本专业培养人才，这样该领域才能持续高质量发展。"他注重年轻人才的培养，为西北工业大学、西北大学、西安建筑科技大学提供本科生校外实习基地和研究生培养基地，与西北工业大学、西安建筑科技大学联合培养博士、硕士研究生 30 余名，为行业发展培养了一批优秀的后续人才。

作为蓝晓科技的领路人，他注重团队的共同成长与发展，贯彻以人为本的企业文化，关注员工的福利和日常生活。他说："企业要给每个员工提供足够广阔的舞台，激发他们的创造热情，让他们施展才华，实现个人价值，实现企业和个人的共同成长。"

青年人创新思维最为活跃，创业、创新的动力也最为强劲。"互联网＋"的时代更是为青年人创新提供了良好的土壤。但是，创新并不只是喊喊口号，绝非想想就能完成，它离不开知识的积累以及艰苦的奋斗。青年一代有理想、有追求、有担当，若能既仰望星空又脚踏实地，则创新也就有了源源不断的青春力量。寇晓康还时常告诫青年朋友："专注和努力可以改变生活。行动前要想清楚，一旦决定了就要勇往直前。要有积极、阳光的心态。要谦虚，保持持续学习的能力。"

在发展企业的同时，寇晓康始终不忘回馈社会，扶危济困。蓝晓科技自成立以来，先后为地方提供就业机会逾 1000 人次，近五年纳税逾 1.5 亿元。2008 年以来，寇晓康多次带领企业员工积极参与社会公益事业，为"5·12"汶川特大地震捐款，为高陵区贫困大学生、贫困环卫工人捐款，为高陵区白血病患者捐款、捐物，为蓝田县留守儿童捐款、捐物……这些公益活动也激励了广大员工积极向善，更多地关注公益、参与公益。

蓝晓科技还组织西北工业大学附属中学学生进厂参观，为学生进行校外化学课程辅导，提高学生了解化学、走进化学的积极性。同时，为积极推进党建工作，公司与陈家滩党支部开展"村企联合共建党支部"，组织村委会及周边村民进厂参观，与村党支部共同组织村企党员干部共上党课、学习交流，为村党支部捐赠电脑、电视、桌椅等，改善村党支部党员活动室硬件设施。

肩负使命，不忘初心

习近平总书记明确指出："我国能否在未来发展中后来居上、弯道超车，主要就看我们能否在创新驱动发展上迈出实实在在的步伐。"技术革新的一次次成功、企业的快速发展，使寇晓康更加坚定了创新发展信心。他深深地知道：当前的状态下，唯改革者进，唯创新者强，唯改革创新者胜。一个企业，要持续发展、健康发展，根本出路在于创新，关键要靠科技力量。为此，寇晓康和他的团队直面市场变革，积极开展技术革新，视创新、品质、服务为企业发展之本。也正因为如此，蓝晓科技始终不曾停歇创新的脚步，始终保持一种"创新仍在路上"的心态。公司每年有2～3个新产品、1～2个新工艺问世，致力于将吸附分离技术应用于更深层次、更宽领域。

一个时代有一个时代的主题，一代人有一代人的使命。新时代新征程上，每一个中国人都是主角，都有一份责任。离子交换树脂行业是一个技术专门性强、应用范围比较窄的行业，固有市场比较小。寇晓康多年来所做的新产品开发和应用领域拓展，其意义不在于公司年销售量的多寡，更重要的是，他成功地引导了视创新、技术和服务为生命的行业风气，引领行业走出低端厮杀的沼泽，推动了整个行业向更高科技含量、有序竞争和清洁生产方向良性发展，他无愧于"尖端功能分离材料和技术的开拓者"的称谓。谈及未来的规划，寇晓康如是说："我希望通过自己的努力，带动更多人关注这个行业，了解这个行业，并且有兴趣从事这个行业，建立世界领先的功能分离材料研发和产业化平台，让新材料为人类美好生活做贡献。"

寇晓康喜欢读书，喜欢运动。虽然身兼多职，但他对自己的时间有着科学合理的规划。工作之余，大量的阅读使他保持着清醒的头脑和敏锐的思维，适当的运动使他保持着健康的体魄和充沛的精力。而闲暇时光和父母妻儿的美好相处，又体现出了他温情的一面。

最后，寇晓康表示，他将继续秉承企业家精神，敢于担当，勇于超越，坚持创新驱动发展，坚持科技创新人才的培养，不忘初心、牢记使命，为行业发展、为建设科技强国再立新功。

志当拿云，铝业传奇

——记川大校友袁志伦

> **"** 我喜欢拼搏！我把人生看作不断追求的过程，或者是一次优雅的飞行。我喜欢飞行的高度和速度，喜欢飞行时划出的优美弧线。所以，我的公司叫博赛。**"**

▌人物小传▌

袁志伦，1964 年出生于重庆南川，1979 年考入成都科技大学（四川大学前身之一）冶金材料专业。现任重庆市博赛矿业（集团）有限公司董事长，兼任重庆市南川区政协副主席、重庆市工商联副主席、重庆市慈善总会副会长、重庆市白血病儿童救助基金会副理事长、四川大学重庆校友会会长。先后获得全国劳动模范、全国优秀企业家、中华慈善人物、重庆市首届"十大渝商"、"人民友谊贡献奖"、重庆市杰出英才贡献奖等荣誉。

作为科班出身的"冶金人"，袁志伦从事铝工业和铁合金行业30多年，"走出去"发展近20年，是一名实干型和专家型企业家。在他的带领下，博赛集团已在全球拥有十余家分公司，成为中国乃至世界知名的跨国企业。

时代机遇，重回家乡

1979年，年仅15岁的袁志伦考入成都科技大学冶金材料专业，那时的他或许没有想到，少年时做出的选择，让他在此后40多年都与金属打交道。

1984年大学毕业后，袁志伦进入中国冶金进出口公司贵阳分公司，担任业务经理；1986年3月，前往北京钢铁学院学习；1987年7月，又辗转广东珠海珠光金属矿产公司，担任总经理。离家的青年最忘不掉的就是故土。袁志伦虽然在外地学习工作，但是心从未离开过重庆。他也期盼有一天，能够带着自己积累的经验和财富，回到家乡发展。这期间，袁志伦偶然接触到了家乡南川的铝矾土样品。经科学检测，南川铝矾土品质上乘，是难得的矿产资源。从那时起，袁志伦便开始留意起家乡矿产行业的发展变化。

在成都科技大学求学的袁志伦

　　1994年，袁志伦的大哥袁志华建立了南川第一家铝矿厂——南川矿产公司。由于当地懂金属材料和贸易的人并不多，公司开采出来的矿产品没有经过深加工，产品附加值很低，大多只能卖给其他工厂作原材料用。这让袁志伦感到可惜，同时也让他感到这是一次绝佳的机会。

　　了解到哥哥公司的情况后，袁志伦结合自己在金属进出口行业近十年的从业经历，开始规划回到家乡重庆开创一番自己的事业。袁志伦下定决心回到重庆的日期是1997年6月18日。这一天，重庆直辖市正式挂牌。袁志伦虽然人在外地，但内心却和所有心系重庆发展的人一样激动万分。在他看来，无论这座城市还是城中的个人，都迎来了极为难得的发展机遇。1997年8月，袁志伦辞去了央企的稳定工作，带着丰富的国际市场贸易经验、渊博的金属材料知识以及一帮志同道合的伙伴回到了重庆，加盟了大哥袁志华创办的南川矿产公司。

2003 年，公司更名为重庆市博赛矿业（集团）有限公司。

　　事实证明，袁志伦回重庆发展的选择是及时的，也是正确的。博赛得到了各级党委政府提供的各项产业扶持政策和配套服务支持，经营环境持续得到改善，公司发展很快就驶上了快车道。当时的重庆经济实现了"高增长，低通胀"，地区生产总值增幅高出全国平均水平2.7 个百分点；工业利税总额增长 20％以上；长江上游商贸中心建设初见成效，朝天门市场、重庆钢材市场等成为西南和长江中上游商品集散地。蓬勃的市场、一流的铝土矿，加上志同道合的工作伙伴，简直是天时地利人和都有了。用袁志伦的话讲，就是"机会来了"！

乘风破浪，踏出国门

　　阔别家乡 17 年的袁志伦回到南川，倾其所有加盟了大哥袁志华创办的南川矿产公司。但是，成功并没有因为袁志伦抓住了机遇就立刻向他敞开怀抱，而是设置了一道道关卡来考验这位一心想做出一番事业的重庆小伙儿。公司当时经营的主要产品是铝矾土和棕刚玉。在袁志伦看来，铝矾土和棕刚玉两项产品在欧洲市场的需求量非常大，而能在欧洲市场上参与竞争的国内企业并不多。由于自己之前积累了不少国外的销售渠道，袁志伦提出公司的主要任务就是把挖掘出来的矿产品进行深加工，再出口到欧洲。这项计划看起来可行性极高，但命运却和袁志伦开了一个玩笑。正当全公司踌躇满志，准备迎来"开门红"时，欧洲传来了针对矿产品反倾销的消息。袁志伦的心一下子沉到了谷底。

　　起步时的碰壁并没有打消袁志伦的信心。袁志伦是个生性乐观的人，在他看来，"机遇无处不在，能否抓得住，一看机会，二要拼命。"再差的外部环境都只是客观条件，决定能否做成一件事的关键因素还是在人。袁志伦没有停在原地，在短暂地调整策略后，他主动跑出去接触客户，他相信失去的一切都能在市场上找回来。袁志伦不怕失败，他相信"车到山前必有路"，也相信"路都是人走出来的"。在反复考察当时国内外的市场环境后，袁志伦认为成功的关键还是要抓住外商。"欧洲市场没有机会了，那我们就换个地方。"在袁志伦的规划下，公司调整了市场主攻方向，从欧洲转移到日本、印度等国家。1997年夏天，袁志伦只身一人，顶着酷热，飞抵泰国，再转机到印度，找生产厂家，跑材料协会，拜访客户。他一周内连乘九趟飞机、多趟火车，在印度各地留下了足迹，最终凭借扎实的专业知识和独特的人格魅力，征服了几个重要客户。在袁志伦看来，自己是用诚意和信心打动了商家和厂家。凭着一双腿、一张嘴和一个坚定的信念，他最终获得了印度70%的订单，销售金额达1000万美元。袁志伦从印度"满载而归"，帮助公司打开了印度市场的神秘之门。他感慨万千地说，在印度的那15天，他没有见到过一个中国人，体验到了从未体验过的寂寞。历经苦难，方能开出绚丽之花。在博赛的生死转折点，袁志伦靠一己之力将公司从破产边缘拉了回来。绝境逢生，正是如此！

在国际市场上的不断开拓，让博赛积累下了一批稳定的国际客户，有了安身之本。时代发展瞬息万变，博赛也在与时俱进。当时，国内基础设施建设速度加快，对铝的需求量以每年15%的增速快速增长，市场前景可谓一片光明。袁志伦从中看到了商机，决定在2001年进军氧化铝市场。2001年12月，重庆市南川区先锋氧化铝有限公司挂牌成立。作为中国第一家氧化铝民营企业，重庆市南川区先锋氧化铝有限公司被业界誉为"中国氧化铝生产工艺博物馆"。"在决定进入氧化铝行业前，我们做了足够的调研和准备。当时民营企业想要进入这一行，阻力不小，也存在较大风险。"作为初生牛犊的博赛敢第一个"吃螃蟹"，这也离不开当地政府的大力支持。

2003 年，先锋氧化铝有限公司一期工程竣工投产时，就迎来了金属价格的大牛市。随着氧化铝销售价格暴涨 3 倍，先锋氧化铝有限公司的年销售额迅速从几千万上升到数亿元，最终在 2006 年时达到 15 亿元。常有人感叹袁志伦运气好，搭上了时代发展的快车，但事实上，运气从来只会眷顾有准备、有实力的人，前期的积淀和万全的准备才是成功的秘诀。

除了氧化铝项目，袁志伦还开始了一系列收购整合操作：2002 年 6 月，投资 1 亿元收购南川南平煤矿及焦化厂；同年 12 月，用 1000 多万元收购广西磨料厂；投资 3000 万元在贵州遵义兴建年产量达 6 万吨的棕刚玉厂；投资 8000 万元收购四川阿坝铝厂，进入电解铝行业。2006 年底，博赛斥资 6000 万美元收购了位于南美洲的圭亚那欧迈矿业公司 70％的股权，将其更名为博赛圭亚那公司。这是当时重庆市最大的一笔海外投资。博赛由此获得了约 2 亿吨世界上独一无二的高铝低铁铝矿资源，占领了国际高铝熟料市场 40％的份额，产量稳居世界第一，让中国人从此拥有该行业全球市场的发言权和影响力。经过十几年的精心经营和系统运作，博赛圭亚那公司已在当地站稳了脚跟，不仅扭转了该厂多年来的亏损局面，还实现了每年数千万美元的利润，仅三年时间就收回了整个投资成本，并且现今已增值数十倍。同时，袁志伦还积极支持在圭亚那发展公益慈善事业，并协助圭亚那在重庆设立领事机构。这些举动促成了圭亚那第二大城市林登市与重庆市南川区缔结为友好城市，让博赛在圭亚那树立了良好的企业形象，并得到了圭亚那总统、总理等国家领导人以及人民的高度认可和有力支持。

2009 年底，在全球金融危机爆发之际，博赛再次投资 3000 万美元，成功收购世界矿业巨头力拓旗下加纳铝土矿公司 80％的股权，并于 2010 年 2 月 1 日正式接管该公司。经过勘探，该公司拥有世界上最好的高铝低硅铝矿资源，储量在 1 亿吨以上。经过数年来的运作和整合，当前该公司各项工作开展得有条不紊，生产经营渐入正轨，深受当地肯定。

值得一提的是，圭亚那总统和加纳总统分别于 2008 年和 2010 年率团专程到访重庆，考察博赛。博赛也因此成为重庆历史上第一个在三年内接待两位国家元首的中国企业。这也使博赛信心与动力倍增，在"走出去"这条道路上走得更加坚定从容。

海外三大矿山和附属加工厂，以及遍布全球的业务营销网络，是博赛持续健康"走出去"发展的缩影，彰显了中国企业逐步走向世界经济舞台的重要推动者形象。目前，袁志伦带领博赛高管团队谋划了未来五年更加振奋人心的海外投资发展新目标，发展前景值得期待。

大胆跨步，稳扎稳打

一路高歌猛进的袁志伦仿佛是被上天眷顾的宠儿，他的每一次投资都得到了极高的收益。但熟悉他的人都知道，他的成功根本不是偶然。

2006 年 12 月 18 日，博赛从全球 30 名竞争对手中脱颖而出，以 6000 万美元完美收购享誉世界的圭亚那欧迈矿业公司，一跃坐上世界铝矾土熟料行业"老大"的位置，成为全球铝矾土熟料产量最大的企业，上演了"全球同行业老二兼并老大"的精彩好戏。同行都惊叹这次收购不可思议，却不知光鲜的背后是袁志伦带领团队所做的前后整整一年的艰难谈判。袁志伦的秘书常年跟随他"闯江湖"，对袁志伦的决策看得最多，体会最深。他谈道："和国外公司谈合作，他们除了看你是否真的懂行外，很大程度上是看你作为一名商人的人品和信誉。在这个过程中，袁总的为人处世方式着实打动了他们。"

在拼命工作的同时，袁志伦也不忘关怀和他并肩作战的同事。在圣诞节时，袁志伦为博赛圭亚那公司的 532 名员工及其家人都准备了圣诞礼物。博赛圭亚那公司人力部经理彼德·本尼对博赛充满感激，认为现在的公司给了他从未有过的温暖。作为欧迈矿业公司的老员工，他从未想过自己会如此自愿且迅速地融入这个新公司中。"这是我知道的唯一一家能把这么多重要的岗位交给年轻人的公司。"

彼德还记得，当被告知博赛将成为欧迈的新主人时，他的内心十分忐忑。当时，在欧迈内部，无论是圭亚那当地员工还是外籍员工，都做好了另谋出路的准备。对于袁志伦提出的绝对给当地员工更多机会以及健康工作环境的保证，他们都持怀疑的态度。在他们固有的观念里，管理者都是逐利的，公司被接管后，工人的待遇和工作环境将会严重恶化。但没过多久，他们就为自己"以小人之心度君子之腹"而感到羞愧。袁志伦保持了他说到做到的作风。博赛管理层和当地工会达成了一项有效期为 4 年的集体劳动协议来提高工人福利待遇，其中包括年平均 13％的工资增长。同时，公司还赞助了当地一条公路的修建，并组织股东与当地社会团体开会，解决他们所担心的环保问题。打消了先前的顾虑后，博赛圭亚那公司的员工都为在"工作环境最好的公司"上班而感到自豪，同时也庆幸遇到了一位好老板。

"铁腕外交"加上"亲民政策"，袁志伦展现出的是一位公司领导者运筹帷幄的形象。袁志伦自身的性格，也造就了博赛刚柔并济的企业文化：生意场上，叱咤风云，不容半点退步，在所到之处将人才、资源一网打尽；公司内部，像对待家人一样对待员工，不一味追求利润，而是真心诚意地为员工的家庭、健康、未来发展着想。平日里一有空闲，袁志伦就爱叫上公司里几个水平差不多的员工切磋乒乓球。在工作上，大家的身份是领导和员工，但在球桌上，没有董事长，也没有下属，大家都兴致勃勃，全神贯注，只为一场酣畅淋漓的比赛。或许正是因为有如此轻松自在的环境，全公司所有人的心才能被博赛"俘获"，所有人的劲儿才能拧成一股绳，拉动博赛不断前进。

除了个人魅力外，在带领博赛集团"走出去"的道路上，袁志伦也有自己的一套经营之道。首先，在针对一个项目做决策前，袁志伦会充分准备，理性分析，慎重评估项目可行性。特别是在拓宽公司业务方面，他强调一定要选择同行业或相近行业的项目，这样才能更好地控制和防范风险。例如，博赛选择收购欧迈矿业公司和加纳铝土矿公司，是因为它们均属于铝矾土行业，博赛正好对此十分熟悉。这两次收购，完全是同行业的重组，对博赛来说，既有利于市场整合，也使收购风险降到了最低。博赛之所以多次取得成功，是因为袁志伦带领团队做好了前期准备，他们成立专业团队，收集项目信息，全方位评估竞争对手，做到了"知己知彼，百战不殆"。这就是袁志伦的经营诀窍。

其次，在做好充分准备的前提下，袁志伦相信"术业有专攻"，要敢于放手、重视合作。专业的事由专业的人来做，这样自己才能全身心投入到本领域的发展中。目前，大部分"走出去"的中国企业对国外的金融、财务、法律政策都不熟悉，这在很大程度上削弱了中国企业"走出去"的勇气。所以，袁志伦在做海外收购项目时，都会花重金聘请海外有收购经验的律师事务所、会计师事务所作为项目顾问，为整个收购过程把好关，尽可能降低项目收购的财务风险或法律漏洞，避免产生不必要的纠纷。

项目收购的正常运转，除了需要自身充足的准备外，更离不开外界的帮助。因此，袁志伦主张积极开拓视野，善于寻求外界帮助。特别是海外收购项目，从项目招投标到最终签订股权买卖合同的时间跨度一般都很短，而我国对海外投资及外汇汇出等各方面都有一定的管制，因此中国驻项目当地使馆及国内相关主管部门的帮助尤为重要。博赛在收购欧迈矿业公司的过程中，得到了中国驻圭亚那大使馆、国家发改委、商务部及重庆有关部门的大力支持，正是在这些部门的帮助下，博赛才及时获得了海外投资相关批文，将项目收购资金准时汇出，保证了项目顺利运行。

成功"走出去"只是开始，更为关键的是所收购企业在接下来的发展中如何站稳脚跟。袁志伦及时与当地政府、社团机构沟通，通过满足当地工人薪资要求、投资兴建基础设施、解决失业问题等措施，成功地在当地树立了企业的良好形象，使政府和人民对企业由最初的质疑转变为"完全信任"。但是"走出去"不是目的而是手段，有了更好的资源和更广阔的平台后，更要大力拓展国际市场，让投资效益逐步显现。博赛自收购欧迈矿业公司后，已连续多次调增了铝矾土熟料全球价格，从160美元/吨上调至500美元/吨（离岸价格），价格提高了数倍。

尽管袁志伦的"放权"政策收到了极好的效果，但最终控制权还是掌握在博赛自己手里。为清楚了解和控制海外公司资金走向，博赛把海外公司的销售和资金控制中心设在了重庆，海外公司的一切资金收支均通过重庆的离岸账户操作。同时，海外公司必须定期向集团公司提供生产、采购等报表，因此，尽管远在千里，博赛也可以对海外公司的经营活动了如指掌。

发展无止境，实力决定魅力。博赛在袁志伦的领导下，2019年实现销售收入328亿元，2020年实现销售收入387亿元。未来，袁志伦将带领博赛进一步围绕铝系和锰系产品这两大主业做文章，不断壮大规模和提档升级，并始终坚持走绿色环保、循环经济的高质量发展道路。同时，博赛将在未来数年内继续加大"走出去"发展步伐，积极响应"一带一路"倡议，助力重庆市扩大对外开放局面。

以人为本，慈善为怀

究竟是什么"灵丹妙药"，能让一个总资产达130亿元、年销售额超350亿元、员工近万人、全球拥有十余家分公司的企业有如此凝聚力，发展如此迅速呢？袁志伦笑道："其实很简单，我要求公司管理规范透明，这样公司才能健康发展。我们决不做违法乱纪、偷税漏税的事，只有行得正，才不会出问题。这样长期下来，员工也不易犯错，这也是公司飞速发展的一个原因。"

在博赛快速崛起的同时，袁志伦坚持"以人为本、心系员工"的管理理念，不断完善党团工会组织以及民兵预备役等组织建设，积极构建和谐劳动关系，让广大员工共享企业发展成果。他始终坚信，如果企业不珍视员工，员工也不会把企业当成家。他的管理理念就是用情感留住员工。他希望员工在有良好收入的同时，珍惜这份工作。博赛是一家蓬勃向上的公司，更是一个火与土的炼炉。"我希望从我们这里走出来的员工，都是拉出去就能打仗的人才。"

在博赛，袁志伦关注每一位员工的专业发展，也关注他们的生活。在袁志伦的倡议下，集团制定并严格实施送温暖制度、贫困档案制度、特困职工动态预警制度、结对帮扶制度。集团也一直坚持为考上大学的员工子女发放助学金。在特困员工救助方面，除下属企业帮扶、捐助外，集团还给予一定的补助。截至目前，集团累计发放企业员工困难补助和员工子女助学金400多万元，位居重庆民营企业前列。同时，博赛早年让利3000多万元，解决了部分员工的住房问题；坚持多年年均上调员工工资10%左右，并逐步实施员工工资倍增计划等。这些制度及措施的实行，极大地促进了员工的积极性，增强了员工的向心力。

同时，袁志伦也高度重视企业外派中方员工在工作环境、身体健康和人身安全等方面的问题。他尽最大努力给外派员工提供最优渥的待遇，对他们的衣食住行等日常生活所需物资和相关服务全部免费提供。一方面，定期从国内统一采购各类生活物资；另一方面，聘请国内专业厨师做中餐，聘请专人提供员工宿舍保洁及洗衣等保姆式服务，为外派员工解决后顾之忧，让他们工作更有干劲，专心发挥各自所长。特别是在 2019 年 3 月底，博赛圭亚那公司部分工人在清理一个长年无人管理的涵洞时，先后有 20 多名外派员工感染了不明病毒（后经权威机构检测为不具人传人特性的组织胞浆菌），2 名外派员工在当地不幸死亡，并有 10 名外派员工出现较严重的呼吸道疾病。由于当地医疗条件十分有限，这 10 名外派员工的情况十分危急。得知消息后，袁志伦第一时间带头成立救援指挥小组，夜以继日地开展危重病人转运回国行动。在中央和重庆市政府领导下，在卫健委、疾控中心等多部门指导与通力协作下，博赛花费 270 万元租赁了国内唯一一架救援专机，前往圭亚那将 10 名外派员工顺利接回重庆接受更好的治疗，成功挽救了这 10 名外派员工的生命，践行了员工生命健康大于一切的人道主义精神。

卡耐基曾说过："在巨大财富中死去是一种耻辱。"袁志伦不仅倾注了全部心血到公司的发展上，也积极投身于慈善事业。在袁志伦看来，慈善决不能被贴上伪善的标签，它必须是一种发自内心的行为。他不喜欢作秀，更不喜欢在某些特定的场合花钱装点面子。慈善对他而言是一种精神上的"皈依"。在他看来，获得上天愈多赐予的人，愈要用感恩来回报社会。所谓"仁者爱人"，只有学会去爱，才能学会享受爱，才会有幸福感和处在同一个星球的认同感。爱是我们人类的天性，幸福也当与生俱来。

为了让慈善变得更有效率，变得更具延续性，袁志伦决定将慈善事业进行到底，并为此成立了博赛矿业慈善基金工作部。每年，他们会根据企业效益做出合理的慈善捐助预算。博赛集团在 2007 年初设立了 6000 万元"博赛爱心慈善基金"，这是当年重庆市最大的慈善基金，而且企业每年都在持续注入资金，以维持慈善事业运转。

同时，袁志伦还带领集团捐建希望小学，设立教育基金助力贫困学生圆梦，建"五保家园"助力养老事业，设基金救助白血病儿童，捐资修建农村公路。在助力脱贫攻坚方面，他先后对口联系支援了重庆市南川区金山镇、河图镇、德隆乡、水江镇以及酉阳县浪坪乡等相对偏远的镇乡，捐资开展农村基础设施建设、产业扶持，以及帮扶贫困学生、解决村民就业等多种活动。2015 年至今，集团已开展资助项目 20 余个，累计捐款 550 万元。在国家遭遇重大灾害时，袁志伦也毅然决然站出来，与国家同呼吸、共患难：在"5·12"汶川特大地震发生时，为灾区捐款捐物近 1000 万元；在新冠肺炎疫情暴发后，捐资 300 万元支持医护人员和基层防疫工作人员全面抗击疫情。可以说，袁志伦用自己的实际行动切实履行了公民责任。

除了在国内积极投身于慈善事业，走出国门，袁志伦也向世界展示了一个优秀跨国企业领导的责任与担当。2007 年，他在圭亚那捐建了一条约 1 公里长的高速路，还捐赠了一辆"移动警察岗哨车"和一辆清洁垃圾车，以及电冰箱、电视机、电扇等物品，让同为发展中国家的圭亚那感受到中国人的博爱之心。他还投资数百万元，引进国内先进的废气脱硫环保设备，一举改变了博赛圭亚那公司长期排放有害废气的局面，深受当地政府和老百姓的称赞。在加纳，他指导加纳铝土矿公司出资为当地社区修建地下水取水工程，经当地自来水公司检查合格后移交社区居民使用。这一举措有效解决了当地居民旱季取水难、雨季水质差的问题，使企业所在地阿瓦索社区上千户居民受益。

一路走来，袁志伦始终用实际行动践行着一个企业家的责任与担当。在他看来，或许以身作则才是教育每一位员工最好的方式。

刚柔并济，飞得更高

许多人都认为，像袁志伦这样的企业家，应该和许多企业家一样，在休闲时喜欢高尔夫、网球这些时尚、高雅、彰显身份的运动。然而令人意外的是，袁志伦平时除了和朋友喝喝茶、打打牌，和家人一年出去旅游几次，最爱的就是打乒乓球。袁志伦平日里喜欢叫上几个水平差不多的员工，在球桌上挥洒汗水，一争高下。公司员工时常笑道，如果你看过袁董打乒乓球，就会知道那才是真"袁董"，那认真投入的程度丝毫不亚于处理千万级的大生意。那是一种率真的投入，连看球的人都能感受到他的酣畅淋漓。在众人看来，工作时他是运筹帷幄的公司掌舵者，休息时他又像普通员工一样发展自己的爱好，可谓刚柔并济。

如果说打乒乓球是繁忙工作中见缝插针的调剂，那么旅行就是袁志伦对自己的彻底"放空"。每一年，袁志伦都会给自己和家人安排几次旅游。他最喜欢去的地方有两个，一个是九寨沟，另一个是三亚：秋天，去九寨沟看满山红叶，感受自然的宁静、安详；冬天，则远离寒冷，到三亚享受暖阳。袁志伦几乎没有专门到国外旅游过，而只是去国外出差时，顺便去看看他所热衷的历史古迹和博物馆。在那里，袁志伦会轻轻触摸文明的刻痕，感受古迹上沉淀的千百年风雨。

袁志伦也喜欢看书。多年来他养成了一个习惯，就是每晚睡觉前必看一个小时的书报。他爱看的书主要是人物传记类、金属行业类、历史类以及国内外大公司创业、管理类书籍，最喜欢看人物传记。在他看来，历史都是由人创造的，伟人们的成功与失败是普通人最好的老师。袁志伦也常常被伟人们勇敢和命运抗争的精神感动不已。袁志伦渴望和他们一同呼吸，一起远行，让他们的思想和精神指引自己前行。在平时就算再忙，袁志伦也会抽出时间浏览当天的新闻，了解国内外的发展动向。他常说："家事国事天下事，你静下心来看，就会发现那其实是同一个世界的同一件事，蕴含着同样的道理。去分析事件背后的起因和发展，能帮助我更好地理解这个世界的运行规律。"

回忆起40多年前在大学求学的时光，袁志伦感慨道："我15岁考上大学，一个人背着行李从南川来到成都。我是班上最小的，要不是老师和同学处处照顾我，那四年就不会过得那么丰富多彩了。"因此，后来他在听说学院有一位小师弟身患白血病急需帮助时，立即决定捐款帮助小师弟战胜病魔。"海纳百川，有容乃大"，于袁志伦而言，这八个字除带给他宽阔的胸襟外，更向他诠释了饮水思源的意义。

袁志伦一生走过很多地方，但最让他难忘的，还是成都和重庆。"成都人比重庆人更会缓解工作压力，工作和娱乐泾渭分明。"他认为成都的一碗茶水，有时候比重庆的两条江还厉害。在重庆，适合在朝天门码头远望，而在成都则适合躺着晒太阳。现在的重庆，能够晒太阳的地方还不多。不过重庆也很不错，因为他可以跟着一条江流向远方……

"我喜欢拼搏！我把人生看作不断追求的过程，或者是一次优雅的飞行。我喜欢飞行的高度和速度，喜欢飞行时划出的优美弧线。所以，我的公司叫博赛。"袁志伦外出喜欢坐飞机，他喜欢飞机的速度和高度。每一年，他都有两百多天在飞机上度过。享受飞行，已经成为他的一种生活方式。而他的博赛，也同他一起在飞，上天入地，成就着一种袁志伦式的铝业传奇！

联接世界，改变世界

——记川大校友冯军帅

"打开眼界，与人交流，静观自我，谋定后动。"

〖人物小传〗

冯军帅，1989年生于河北邯郸，2007—2014年就读于四川大学机械制造及其自动化专业，先后取得学士学位和硕士学位；成都实唯物联网科技有限公司创始人，四川大学全球校友创业家联谊会理事、四川大学全球校友创业家四川联谊会常务理事、四川大学青年校友创业者联谊会副会长、四川大学创新创业导师、四川大学国家大学科技园创业导师；曾被评为四川省优秀大学生创业典型、成都市创业新星。

2012年，在中国大学生"以创业带动就业"热潮的引领下，冯军帅开始由科研创新走向实践创业，创立成都实唯物联网科技有限公司，致力于物联网监测技术的研发。冯军帅带领公司与学生团队参加创新创业竞赛屡创佳绩，获国家、省、市级奖励10余项。因为突出的创新创业成绩，冯军帅先后受到李克强总理、刘延东副总理接见，并得到高度评价。

学而为用

大学是一个神奇的地方，同样的环境，同样的四年时间，每个人的收获都有所不同。有人收获了专业知识和技能，有人收获了待人处事的方式和态度，也有人收获了难得的友情甚至是终身的伴侣。冯军帅在大学时光里，和同寝室的兄弟们一起卖过吉他、摆过地摊，这些都为他之后的创业积累了一定经验和经济基础。但从某种意义上来说，大学又有其局限性，如果大学生只记得在学校里学到的东西，却忽视了象牙塔外的大千世界，那么则很可能成为井底之蛙。

学而为用，学得的一切知识、技能终归要落实到实践中去。2010年，冯军帅在学习之余开始在成都钟顺科技发展有限公司实习，做起了工程部技术员、科技项目部专员的工作。正是在日常工作中，冯军帅发现，诸如光伏电站数据采集分析这类需要数据支撑的工作，明显呈现出费时费力、效率低下、成本过高的特点。

2010 年和 2011 年暑假期间，冯军帅被实习单位委派去昆明石林县做聚光光伏发电效率实验。当时，聚光光伏发电效率影响着聚光光伏电站的成本核算及规模化推广，但整个行业内都没有特别权威的数据支撑。而冯军帅每天的主要工作就是乘坐 2 小时颠簸的面包车，去电站现场拷贝数据，晚上回旅馆做数据分析。在他看来，这种数据采集和分析方式费时费力、效率低下，亟待改进。

由此，他萌生了借助物联网技术开发光伏电站远程监控系统的想法。"把互联网与设备关联起来，监测设备运行情况，获取有用数据并自动分析处理，这在当时的市场上还很少见。"冯军帅察觉到该项目很有市场前景。

2012 年，中国大学生"以创业带动就业"热潮席卷全国，怀揣着创业梦想，冯军帅毅然离开了实习 2 年的公司，在四川大学及相关政府部门的支持下，联合好友、同学、老乡，在川大创业就业导航站组建川硕科技创新工作室，从事物联网技术研发和技术服务。为了更有效地把团队专利、论文转化为实际产品，同年 11 月，成立成都实唯物联网科技有限公司，开始公司化运作，专注于物联网监测及平台技术研发。

放开胆子做

商界人士往往都爱读《孙子兵法》，因为商场和战场的确有几分相像：风起云涌，变幻莫测，不经意间差之毫厘就会谬以千里。因而身处其中的人，必须兼具谋略与胆识，方能如鱼得水，进退自如。

冯军帅的胆子很大。川硕科技创新工作室成立之初，冯军帅和他的团队并没有一个明确的发展规划，只不过是几个志同道合的年轻人因为热情和梦想而凑在了一起。后来，大家定期进行头脑风暴，这才慢慢产生了第一个项目的方向和设想。有了想法，他们就及时采取行动。

冯军帅曾坦言道："同学里比我优秀、比我有更好想法的人很多，但是最后他们都没有行动。这就和打仗一样，你不上战场，就永远不知道前线是什么情况。上了战场，哪怕你没扛枪，也会看到地上散落的敌人和战友的枪，捡起来往前冲就对了。非要等完全清楚情况了才敢上战场，就永远也走不到创业大军之中。"简言之，没有胆量，就会连创业的第一步也迈不出，更谈不上未来的发展和规划了。

如今的冯军帅已经告别了校园，却仍然和学校里的许多学弟学妹保持着联系。总有人问他："我想创业，我首先应该做些什么？"在冯军帅看来，与其去想应该做什么，不如去想能够做什么。想到了就去做，不做就永远只能原地踏步甚至退步。

正是因为看准了物联网市场的广阔前景，冯军帅才即刻组建团队大胆去做。而在 2012 年，很多人尚不知道物联网是何物，这既是风险，亦是机会。

困难中求生存，生存中求发展

一完成公司注册，压力就来了。"公司是做什么的？盈利如何？"身边人的询问字字如山，压在冯军帅肩上。"开弓没有回头箭"，不管团队是否已准备好，各种问题就接踵而至，除了接招没有任何办法。

初创阶段无疑是难熬的。作为员工，公司允许你失败甚至退出；可作为公司创始人，冯军帅别无退路。对他来说，除了专业方面的知识需要不断更新，商业方面的学习和实践也是不可避免的挑战，同时资金、资源缺乏的问题也亟待解决。冯军帅一路战战兢兢、如履薄冰。

一群"穷学生"创业，钱是最初的问题，没有钱寸步难行。资金，从一开始就制约着公司的发展。为了维持公司的运行，团队成员几乎掏空了自己的腰包，将生活费、奖学金通通投入，但饶是如此，他们的创业也一度徘徊在失败的边缘。在这方面，冯军帅很是感谢川大领导、老师的支持。在他们的帮助下，实唯凭借自身实力和发展前景等优势，成功从四川大学申请到了一笔10万元国创计划创业项目基金，将公司从危机中拯救回来。为更好地辅助冯军帅等人创业，解决他们的实际困难，川大共青团委还为实唯提供了免费的办公场所。没有了后顾之忧，实唯得以轻装前行。

麻雀虽小，也要五脏俱全才能存活。公司如何正常运作，是发展过程中至关重要的问题。团队管理制度不健全，财务"漏洞百出"，商业计划书一团乱麻……实唯经历过付出很多却不见成效的失望，经历过不知所措的迷茫，也经历过无人理解的孤独，这看起来似乎是一场注定失败的创业。然而，他们挺过来了。

创业初期狭小的实验空间

公司开发的智能插座及无线机械手

燃气报警器　　　　　粉尘检测仪　　　　　甲醛监测仪

　　团队自身不够优秀，那就使劲打磨，各种创业培训、创业比赛就是实唯的"磨刀石"。没有竞赛基础，导师、实验室的师兄师姐就是后援团队。通过参加比赛和培训，在一次次"思考→尝试→构建→质疑→推翻→重构"的循环中，冯军帅的目标更加明确，对产品的定位更加精准，商业模式也越发清晰。

　　2013年，团队经过深思熟虑，决定持续投入研发资金打造Swaylink物联网平台，并始终坚持自主创新，先后切入智慧校园、环境监测、食品安全监测、特种设备安全监测等惠及民生的领域。

　　2013年之后，实唯更加成熟，表现也愈发出色，先后获得2014年"创青春"全国大学生创业大赛国赛银奖、首届中国"互联网＋"大学生创新创业大赛金奖等荣誉20余项。2015年10月20日，在首届中国"互联网＋"大学生创新创业大赛现场，冯军帅受到刘延东副总理亲切接见。凭借获奖项目，公司收获了500万元的风险投资意向书，并与四川大学签订了合作协议。2016年4月25日，李克强总理来川大考察，其间与冯军帅亲切交谈，并对他们的创业成绩给予高度评价。

团队获首届中国"互联网＋"大学生创新创业大赛金奖

2017年6月27日，"国家双创示范基地·中国电信成都分公司企业云服务平台"发布仪式在成都举行。冯军帅作为创客代表出席了发布仪式并发言。冯军帅在发言中指出，实唯云物联网开放平台是企业级物联网平台系统，它能够实现各行业、多类型设备和传感器的远程监测和控制，极大地降低开发成本，缩短开发周期，目前已应用于智能传感器、智慧校园、环境监测、特种设备安全监测、电力监测等领域。同时，公司还提供企业级物联网平台系统建设服务。

2017年11月3日，刘延东副总理在四川大学考察期间参观了创新创业教育及科技成果展厅。在创新创业教育展厅，刘延东副总理仔

细听取了冯军帅对近年来公司发展的介绍，对实唯科技自主研发的
Swaylink 物联网平台给予了高度评价。刘延东副总理的视察和慰问，
给冯军帅带来了巨大的鼓舞。

创业至今，冯军帅先后接受了央视财经频道、新闻频道专访。央
视《新闻联播》及一些地方媒体也对其创业事迹进行了多次报道。因
为这些报道，实唯的知名度大幅提高，很多客户找到实唯寻求合作，
实唯迎来了新的发展高潮。

实唯刚刚起步时，在推广和营销上遇到了很大的困难，辛辛苦苦
做出来的东西卖不出去，产生不了利润，这对于创业者来说是最大的
打击和挫败。后来，冯军帅经过摸索和总结，发现"我以为"这三个
字是最大的"坑"。一方面，大学生创业者往往对市场和社会了解不
够，总是按照自己的想象去做事，和实际情况完全脱节；另一方面，
大学生创业者也容易过高估计自己的能力，老是"我以为"，不能理
性分析自己的长处和短处。在冯军帅看来，大学生创业者并不是什么
都适合做，什么都能做，过高估计自己的能力，会给整个团队以及公
司带来风险。

商场如战场，只有及时修正方向、改变战略，才能跟上不停变化
的形势。冯军帅很快就改变了"作战方式"，聘请了专业人士来做推
广和营销，而自己仍旧主管所擅长的研发工作，两相配合，使公司顺
利地渡过了难关。

坚持，没想象中那么简单

谈到创业，许多人都提到了"坚持"二字，但到底怎样才算坚
持？怎样才能分清坚持和偏执？如果一开始的方向就是错误的，那么
所谓坚持岂不成了继续犯错和增加损失的"帮凶"？

冯军帅就曾遇到这样的考验。在创业起步阶段，公司做的第一个项目是光伏电站远程管控系统。这在国内是一个新兴的领域，了解的人不多。当时，冯军帅尝试和一些投资者接触，希望为公司引进投资，因为充足的资金无疑能大大加快公司发展的进程。然而，由于项目本身的原因，投资者并不能完全理解这个项目，他们似乎看不到这个项目的价值，认为它不过是一个可有可无的东西，自然也就不肯投资了。投资者的态度让冯军帅感到非常苦恼，甚至对自己的产品产生了怀疑。其实资金不过是"催化剂"，如果项目本身有价值，早晚会看到成效。想明白了这一点，冯军帅让自己冷静下来，用专业知识分析了产品价值之后，他选择了坚持。虽然投资者手中有资金，也有多年来的投资经验，但就专业领域来说，冯军帅非常有自信，他坚信自己的判断力绝不逊色于任何一个投资者。

有了坚定的信念，冯军帅果断放弃了继续将主要精力放到招揽投资上，而是将精力重新放回了产品研发中。他告诉自己，行业的大趋势是很难去向投资者证实的，只有当巨变的浪潮袭来时，大家才会恍然大悟。

所以坚持并不单单需要毅力和承受力，更需要判断力。只有在正确的方向上，坚持才是有价值的。

创新，一直在路上

对于"创业"这两个字，人们往往重视"业"而忽视"创"。许多创业者在拥有了自己的公司之后，就只追求平稳运营和发展，创业初期的那股创新活力和激情在时间的冲刷下慢慢消退。

但冯军帅不同，截至 2017 年底，实唯累计申请发明专利 10 余项，除此之外，还在各大刊物发表科研论文。在创新的大道上，冯军帅和他的团队从未停下前进的脚步。

对于冯军帅来说，创新精神是一种基因、一种公司文化。创新精神作为一种精神追求，它能持续带来各种新奇的创意和灵感。而相比之下，创意不过是灵光一现，好似夜空中的烟花，美丽却难持久。对一家科技公司来说，创新精神才是公司不断发展前行，保持强劲市场竞争力的保障。

如今，冯军帅的公司奉行着"成熟一个，储备一个"的开发理念，随着 Swaylink 物联网平台的日渐成熟，新的项目也在储备当中了。冯军帅还表示，当研发阶段的新项目成熟之后，会免费回馈给母校使用。正如同出门在外的游子，不管外面的世界有多么精彩，总是不会忘记家的样子。

心怀感恩，不忘初心

一路走来，冯军帅的创业还算顺利。在谈到自己的创业时，他是这样说的："如同我喜欢的电影《中国合伙人》的剧情，我找了两位志同道合的同学，他们是我认识的人当中做软件最牛的和做硬件最牛的。"

经过多年发展，公司组建了一支多学科交叉、综合素质强的团队，研发人员占比超 60%，硕士以上学历占比超 30%。2015 年，公司首席技术官被授予"成都市特聘专家"称号。

同时，公司坚持党的领导，积极建设强有力的党组织，成立了党支部。作为党支部书记，冯军帅组织党员学党章党规，学习近平总书记系列讲话，做合格党员，充分发挥党员的先锋模范作用。

在谈到母校对他的帮助时，冯军帅说道："创业之路能走到现在并取得今天的成就，川大对我的支持至关重要。当我事业有成的时候，我一定不会忘记母校。这也是李克强总理对我的嘱咐。其实无论财富多少，对母校的挂念和回馈都不应忘记。"冯军帅是这么说的，也是这么做的。2016 年 5 月 29 日，冯军帅加入了四川大学全球校友创业家联谊会，为自己争取到了一个为母校师生创新创业尽绵薄之力的机会。

自创业以来，冯军帅深知创业不易，也深知企业所肩负的社会责任。这期间，在以创业带动就业，解决自身就业问题的同时，公司累计解决大学生就业 60 余人，指导大学生就业见习 30 余人，参与创业交流讲座近 10 次，服务创新创业大学生 300 余人，赞助母校活动 2 次。冯军帅和他的团队，正以实际行动践行着回馈社会的承诺。

世上只有一个贝多芬，也只有一个莫扎特。天才屈指可数，更多的人是通过不断尝试和努力成就了辉煌。人不可能都像雄鹰那样一飞冲天，但至少可以像蜗牛那样默默前行——只要努力，一样可以爬上金字塔尖。岁月让青春渐逝，而创业让人生精彩。以冯军帅为代表的年轻创客，正用才智和汗水为中国梦写下难忘的一笔。再回首，他们可以骄傲地对人说："看，那就是我的青春。"

梦想在哪里，创业的路就在哪里

——记川大校友詹智勇

<blockquote>
" 要服务好患者，首先要服务好医生。"
</blockquote>

▌人物小传▐

詹智勇，四川自贡人，骨科专家，医院管理专家，医院营销专家，被誉为中国医院营销界的"奇才"，曾带领手外科医生集团打造出中国规模最大的手外科连锁医疗机构。现任广州弘康医疗投资集团董事长、广州弘康医疗信息股份有限公司董事长、广州弘康名医联合诊疗股份有限公司联席董事长、广东弘康健康咨询公益服务中心理事长、上海复星集团佛山禅城中心医院健康管理顾问、贵州独山农村商业银行董事，兼任四川大学广州校友会副会长。

詹智勇于1982年考入四川医学院（1985年更名为华西医科大学，四川大学前身之一）临床医学系。1987年，詹智勇成为中国第一个在县级医院采用腹膜透析技术成功抢救急性肾功能衰患者的医生。1993年，与人合伙创办广州恒生手外科医院。1995年，率先将连锁模式注入医学领域，先后在全国各地开设数十家中山手外科中心，被业界誉为"中国医疗连锁机构创建第一人"。2017年，创办国内首个医师多点执业共享平台，开启了广大患者求医问药新形态。

求学生涯

20世纪60年代，没有微信，没有QQ，没有对碎片化时间的分秒必争。那时候，人们朴实而鲜活，脚踏实地。在那个年代，詹智勇出生了。这个在单亲环境下成长的男生，把读书当成他唯一的信仰，相信只有读书才是改变命运的唯一出路。由于家庭出身不好，他时常遭受他人的冷眼与打击，但这并没有阻拦他的远大抱负。他喜欢物理，喜欢科学，曾经在初中两次拿到全市物理竞赛一等奖，并立志长大后一定要当一名科学家。

后来，母亲的一场突发疾病改变了这个年轻人的人生轨迹。

1976年的一个夏天，劳累了一天的詹智勇母亲下班回到家，刚刚做好晚餐，就一屁股摔到了地上。等詹智勇回到家时，地上已满是鲜血，母亲脸色苍白，已经无力说话。在邻居的帮助下，母亲被送到了当地一家大型医院。经过医生的全力抢救与治疗，母亲最后得以康复。那几个日日夜夜，作为母亲唯一的儿子，詹智勇一直陪伴在她身边。他恐惧生命的脆弱，感恩医生的伟大，从此立志要做一名对社会有用的医生。

1981年，他第一次高考失利了，没有考上理想的医学院校。为了实现当医生的梦想，他拒绝了其他院校的录取机会，鼓起勇气决定复读。365个日日夜夜，365天的辛酸与汗水，"皇天不负有心人"，他终于顺利地考进了当时全国著名的医学院校"四川医学院"。在开学典礼上，著名妇科专家曹泽毅校长一句"欢迎你们，中国未来最棒的医生们"，让詹智勇心潮澎湃、热血沸腾。"做中国最好的医生"，他的这一志向就此立下。

在四川，老百姓大都认为，从"川医"毕业的医学生是最好的。除了学好专业知识，詹智勇对自己还有更高的要求：当学生干部。在校期间，他担任了医学系82级五班班长、年级团总支副书记、医学系学生会主席、校学生会副主席，并成为全年级第三个中共党员。詹智勇不断上进的精神，在他的学生时代就已经显露无遗。六年后，詹智勇以平均分83分（百分制）的优异成绩从华西医科大学临床医学系毕业了。

詹智勇与同学的合照

"理解万岁"的发起人

1986 年，为了让学生更深刻地理解在中越边境保卫祖国的解放军战士的牺牲精神，四川省共青团委与成都军区参加自卫反击战的英雄部队联合举办了"军地实践教育夏令营"。詹智勇经学校选拔，担任了夏令营第一分队队长。半个月的时间里，大学生们与战士们一起吃住，一起站岗，一起训练，一起打靶，充分地交流了各自内心的体验与感受，学生们彻夜倾听战士们在前线的英雄故事，深刻理解和感受到他们的家国情怀，深深明白解放军战士是伟大祖国最可爱的人。战士们也感受到这个时代的大学生其实也不容易，肩负着巨大的学习压力和建设祖国的重任。

当时，詹智勇被战士们勇敢无畏的牺牲精神感动得夜不能寐：原来世界上还有如此别样的人生，中国的土地上还有这样一群纯朴可爱的解放军战士。在夏令营结营仪式上，詹智勇代表全体大学生队员上台发言，作了题为"理解万岁"的主题演讲。他的演讲获得了在场所有人雷鸣般的掌声，令许多人流下热泪。这场演讲主要围绕"战士和医学生在不同的战线战斗，前者保卫祖国安全，后者保卫人民的健康"展开。"理解万岁"这一主题思想后被成都军区、共青团中央确认为当代难得的优秀人生价值观，共青团中央还号召在全国青年中宣传"理解万岁"。后来，詹智勇还被共青团四川省委邀请到四川各地去宣讲"理解万岁"，并被共青团四川省委、四川省教育厅评为当年的"四川省十佳大学生"。与此同时，云南军区的宣传干事蔡朝东也在全国各地不约而同地宣讲"老山战士的英雄故事"，由此蔡朝东、詹智勇被共同喻为 20 世纪 80 年代"理解万岁"发起人。

"理解万岁"宣讲活动合影

梦想摇篮：在县级医院开展"腹膜透析"

1987年，是詹智勇最难忘的一年。一个偶然的机会，使他提前开始了捍卫生命安全的别样人生。那一年，詹智勇的医生生涯即将开始。学校为了加强学生的实践能力，组织医学系82级全体同学去四川山区开展社会实践活动，詹智勇被分配到眉山县（今眉山市）开展预防医学调查活动。在一个夕阳西下的傍晚，他偶然路过眉山县人民医院急诊科，听到急诊室里传来悽惨的哭声。詹智勇走近一问，原来是一个14岁少女因误食鱼胆中毒，引起"急性肾功能衰竭"。少女的家人告诉他，医生说没有办法医治了，只能准备后事。詹智勇赶紧跑去询问值班医生，医生表示县级医院还没有抢救这类患者成功的先例，四川省内地级市以下的医院都没有任何办法医治，只有转去省城成都才有可能治疗，但患者病情相当严重，已经无法转院了。

在这生死攸关的时刻，詹智勇足足愣了几分钟。对这类患者，华西医科大学第一附属医院可以用当时刚刚引进的"腹膜透析技术"抢救，成功率很高。面对一个可能离去的年轻生命，詹智勇作为一名医生的责任感油然而生。"我们可以救她，就在这里，就在县医院！"一个大胆的想法突然涌上心头。詹智勇为了争取抢救时间，迅速找到了当时的领队雷鸣均老师，向他讲述华西医科大学第一附属医院医治这类患者的成功案例。雷鸣均是当时华西医科大学第一附属医院知名的传染病专家，他立即决定和詹智勇一起去说服眉山县人民医院院长。院长听到他们所说情况后十分激动，当即采纳了詹智勇提出的救人方案。因为只有詹智勇见过抢救这类病人的过程，院长果断决定由詹智勇出任抢救小组总顾问，成立抢救小组开展抢救行动。

一场惊心动魄的抢救行动开始了。

詹智勇回宿舍拿来教科书和笔记本，先组织药剂科老师配制"透析液"，又组织外科医生进行手术插管。第一天，因为腹膜透析液剂量不够，病人的尿量仍然很少，病情没有任何改善。詹智勇马上召集抢救人员商议腹膜透析液的生产保证方案。院长也亲临现场参加讨论，现场指导制作透析液。第三天，病人尿量开始增加，大家脸上终于露出了笑容。但在半夜，一个突发事件让抢救小组的神经再次绷紧。半夜三点，值班医生急急忙忙跑到宿舍，叫醒詹智勇，说从昨天下午开始，透析液的出水管就一直没有水流出，而腹膜透析液却在源源不断地流入患者的腹腔，现在患者的肚皮都快撑破了。詹智勇和值班医生迅速返回病房，在查看病员的情况后果断地做出判断：一定是出水管的腹腔内段排水孔被肠柔膜包裹了，堵塞了出水孔。詹智勇迅速剪断了出水管固定线，调整了腹腔段水管的放置位，腹膜透析液马上缓缓流出，抢救人员紧张的心终于可以放松了。在之后的几天里，经过酸碱平衡纠正、抗感染等一系列治疗，患者终于在第六天苏醒了，激动地说了两个字——"谢谢"。一声感谢，在詹智勇的行医生涯中打下了深深的烙印，让他坚守医生这一崇高的职业一生不弃。

14 岁少女成功脱离生命危险的消息传到学校，学校团委当即派了领导小组到眉山县慰问抢救小组。后经卫生部门确认，这个案例是中国第一个在县级医院采用腹膜透析技术成功抢救急性肾功能衰患者的案例。詹智勇以一个见习医生身份勇担抢救小组总顾问的特殊事迹，被《中国教育报》《中国卫生报》（后改为《健康报》）广为报道，为华西医科大学赢得了荣誉。詹智勇当年被共青团省委授予"优秀共青团员"光荣称号。

六年的学习生活，使詹智勇逐渐明白了人生的真谛，热爱祖国，尊重科学，努力帮助更多的人成为他毕生追求的目标。

不知不觉，大学生活结束，詹智勇和同学们离开了校园，各奔东西。毕业那年，广东省的改革开放正如火如荼，虽然并不清楚改革开放到底是什么，但怀着成就事业的渴望和对美好生活的向往，詹智勇向学校领导打报告，申请将自己分配到广东去。1988 年的夏季还没结束，这个小个子男生独自拖着两个破旧行李箱，登上开往广州的列车，义无反顾地踏上了追求梦想之路。

列车摇摇晃晃，穿越田野，这个勇敢的年轻人进入了梦乡，梦中的母亲平安健康，梦中的未来激动人心。

中国最早的医生集团

1988 年 9 月，詹智勇进入广州中医药大学附属第一医院骨科，一待就是七年。这七年间，詹智勇在专业领域不断精进。西医出身的他重新捧起了中医书籍，从《素问》到《金匮要略》再到《脉经》，他像一个小学生似的在广州中医药大学的广阔天地中遍访名师，孜孜不倦地学习。功夫不负有心人，在 27 岁那年，他成为广州中医药大学附属第一医院首位坐诊骨科专家门诊的住院医师，也成为广州中医药大学第一个将"刮痧"疗法应用到临床工作中的医生。他采用的"刮痧综合疗法"治疗顽固性肩周炎、颈椎病，有效率超过 90%，取得了巨大成功。他遍访中医界骨科前辈，改良以往的大推拿治疗腰腿痛技术，大大提高了腰腿痛治疗效果（他经治的椎间盘突出症有效率为 100%）。因为高超的医术，他成为当时医院有名的青年专家。不过，詹智勇发现，在医院做一名骨科医生并不是他的最终理想，他还想成就更大的事业。因此，他陷入了深深的苦恼之中。

两个十分特殊的事件，让詹智勇萌生了创业的想法。第一件事发生在 1991 年，有一个农民工在下班后摔伤了膝关节，前来就医，当时正是詹智勇值班。经诊断，患者为"闭合性髌骨骨折"。按照当时的治疗程序，患者需要先住院保守治疗十余日，等膝部血肿消退后，再择机行使手术固定髌骨。整个住院治疗费用需要 2000 多元，这在当时对一个农民工来讲就是一个天文数字。在患者的苦苦哀求下，为了给患者节约费用，詹智勇决定冒险在当晚对患者实施"髌骨钢丝内固定术"。手术取得了成功。在将患者推入病房后，患者家属往詹智勇手中塞了三张皱巴巴的钞票。望着这三张皱巴巴的 10 元大钞，这个坚强的男人忍不住流下了眼泪，他坚决还回了患者的这 30 元"感谢费"。然而，感动詹智勇一生的一幕发生了，患者的大哥当场双腿跪地，向他不断致谢，久久不肯起来。詹智勇陷入沉思：面对这类患者，一边是医院的治疗程序，一边是患者的实际困难，两者很难兼顾，医生究竟应该怎么当？这个问题在詹智勇心中反复回荡。

第二个事件发生在 1992 年 12 月 31 日的深夜。这天，一个被机器压断两根手指的工人被送到了广州中医药大学附属第一医院急诊科。患者向詹智勇讲述了他辗转广州六家医院求医被拒的经过，有的医院说显微镜坏了，有的医院说会做这个手术的医生今天不值班，有的医院说手术排不上了，到詹智勇这里已经是第七家了。当詹智勇告诉患者这里也有几个患者在等手术，建议患者到其他医院去治疗时，患者的三个工友齐刷刷跪到地上，央求詹智勇让他们留在这里等，他们实在不想再走了。这一幕深深打动了詹智勇，他发誓一定要为患者建一家收治手外伤的专科医院。

1993年的夏天，一个偶然的机会，三个有创业理想的骨科医生碰在了一起。他们都有一个共同的想法，就是办一家专门治疗手外伤的专科医院。于是，在广州市卫生局领导的支持下，中国第一家民营手外科医院——广州恒生手外科医院正式诞生了。

随着手外科业务量的迅速增长，如何吸引更多医生加盟成了医院发展的关键。詹智勇与两位合伙人花了三天时间达成了一致决定：实施项目经营合作制，即以科室为项目单位，吸引医生加盟入股，合作经营。这一举措拉开了中国手外科医生集团式发展的帷幕。

要发展手外科，首先要解决三个问题。第一要解决人才问题。当时，培养一个手外科主刀医生需要三年的时间，要快速培养人才，只有自己开办手外科显微血管技术培训班，采取实验课和临床课相结合的交叉培训形式培养。广州恒生手外科医院将一个主刀医生的培训期从三年缩短至一年，个别天资聪慧的医生甚至只需要半年时间就可以主刀，而且培养出来的人才技术十分过硬。在广州恒生手外科医院，一个完整的断指再植手术，主刀医生基本上都可以把手术时间控制在2.5小时以内（而且手术成功率在93％以上），远远低于同行业平均水平3.5小时。第二要解决待遇问题。因为手外科医生十分稀缺，没有吸引人的待遇是招不到核心人才的，所以当时的广州恒生手外科医院开出了数目惊人的工资。例如，在医院工作的主刀医生的平均月薪在1995年就在2万元左右，相当于当时公立医院主刀医师的10倍，因此吸引了大量人才。第三，要解决医德医风的（收红包）问题。医院定下了严格的处罚规定，要求医生拒收红包，或者将红包上缴医院，记入患者住院费中，违反此项规定者，住院医生直接开除，主刀医生降级录用。据詹智勇后来回忆，广州恒生手外科医院内鲜有收红包者，无一例患者到卫生管理相关部门投诉，也无一例上法院起诉的医疗纠纷。

由于社会影响巨大，广州恒生手外科医院在 1998 年成为第一家被广州市社会保险局认定为工伤治疗指定医院的民营医院。1999 年，广州恒生手外科医院又被广州市社会保险局授予"劳动能力鉴定诊断医院"的资格（代行政府职能）。一时间，这家民营专科医院获得了无数的社会赞誉和各类褒奖。

随着中山、东莞、佛山、清远、阳江、即墨、无锡、绍兴、金华、攀枝花、内江、郴州、无锡、巢湖等地手外科连锁医院的陆续成立，广州恒生手外科医生集团迅速在中国大地上发展壮大，服务能力辐射至广东、山东、江苏、浙江、四川、湖南、安徽等七个省份。哪里工业比较发达，哪里就有恒生人的影子，已经成为行业内不争的事实。

此后十多年间，广州恒生手外科医生集团收治了患者数十万例，为中国培养手外科人才和彻底解决手外伤看病难题做出了重大贡献。根据有关媒体报道，手外科专业几乎遍布所有工业发达地区，曾经高高在上、一床难求的"贵族科室"现在甚至开办到了镇级医院。在全国范围内，手外伤看病难的问题在 2000 年以后就基本再没有出现过了，一个普通患者要挂院士号都不用排队了。这一成就的取得，恒生人功不可没。

2009 年，广州恒生手外科医生集团更名为"广州弘康手外科医生集团"，从此走上了更坚实的发展之路。"千方百计保存患肢，最大限度降低伤残等级"是弘康人始终追求的目标。在中国残联年度工作会议上，手外科医生被时任中国残疾人联合会主席邓朴方先生喻为"工伤患者的救星"。詹智勇也被业界誉为中国医院营销管理界的"奇才"和"中国医疗连锁机构创建第一人"。

据相关媒体考证，20世纪90年代初，广东省产生了为数不多的医生集团，但至今生存下来的只有广州弘康手外科医生集团一家。由于广州弘康手外科医生集团在中国手外科领域的杰出贡献，集团在2016—2018年连续三年入选"中国最有影响力十大医生集团"。詹智勇也被评为"中国医生集团十大影响力人物"。

搭起医患沟通桥梁

2008年，"5·12"汶川特大地震在倾刻间给数十万群众带来巨大灾难，当时经济上还不十分富裕的詹智勇，一口气向中国慈善总会捐赠了足足100万元的物资。帮助更多的人，是他所追求的人生最高目标。

2011年，在四川大学广州校友会时任会长张成教授（中国著名神经内科专家）的支持与参与下，广州弘康手外科医生集团耗资1000万元，成立了中国第一家医疗健康咨询公益组织——"广东弘康健康咨询公益服务中心"。三年间，弘康健康公益服务中心邀请到广东省1800多名医学专家向社会提供医学健康公益咨询服务。该中心的咨询热线为数十万患者提供了免费疾病咨询、精神康复、家庭护理、就医指导等服务，被钟南山院士称赞为"成功架起了医患沟通桥梁"。天佑勤人，2013年广东弘康健康咨询公益服务中心被民政部评选为2013年中国公益品牌先进单位。

在该中心的服务过程中，上演了一幕幕动人的故事。2012年，四川一位患者的儿子来电，诉说其母亲因肺部感染产生脓毒血症、心肺功能衰竭，当地医生说无法医治，让他回家安排母亲后事。在绝望中，他抱着试一试的心态拨打了弘康健康公益服务中心热线。接线医生经过详细询问后认为患者的症状是感染引起的，若能控制感染就可以挽救患者生命。接线医生向患者推荐了一种刚刚面世的中药强力抗感染药物制剂，并向患者提供了具体的药品采购电话。后来，当地医院采购到这一药品，为患者安排了治疗。一周后，患者神奇般地战胜了脓毒血症，摆脱了心肺功能衰竭，成功康复了。为此，凤凰卫视还为患者做了专题报道。

弘康健康咨询公益服务中心无数次地向患者伸出天使般的援助之手，真正体现了医务工作者善良纯洁的公益精神。"救人一命胜造七级浮屠"，已经成为1800多位参与公益项目的医学专家一直坚守的信念。

寻找"上帝的使者"

当今社会，许多医院把患者当成顾客，认为顾客就是上帝。詹智勇坚决反对这种陈旧的观念。他认为，这是一种严重的认知错误，把患者置于被索取的位置是一种扭曲的商业思维，是对生命极不尊重的做法。生命的捍卫者应该是医生，医生才是"上帝的使者"。

2014年国家医师多点执业政策的全面落实，明确指明了"上帝的使者"可以多角度为患者服务的路子。2015年秋，弘康手外科医生集团成立了"多点执业平台筹备小组"，开始了中国第一家全科多点执业平台的筹备工作。为患者寻找更多"上帝的使者"成为弘康人追求的下一个目标。

2017年3月，在时任广州四川大学校友会副会长詹智勇牵头下，广州数位四川大学校友联合广州数十位医学专家成立了"广州名医联合诊疗股份有限公司"，开启了中国医生全面多点执业新纪元。

不忘初心，砥砺前行

广州虽然是一个医疗资源十分丰富的城市，却常年出现患者挂号难、看病难的问题。各大医院门前"黄牛"横行的不雅市态让詹智勇愤怒不已。身为医生的他，也常常为替亲戚朋友找专家看病而苦恼。如何搭建一个医生共享平台，依靠市场机制解决老百姓看病难的问题，一直是他脑海里挥之不去的问题。

2014 年，解决看病难这一痛点的机会终于来临——国家卫计委印发了《推进和规范医师多点执业的若干意见的通知》。这一有关医疗人力资源的改革，无疑像一股春风在业界掀起了医生执业改革的波澜（在此之前不允许医生跨医院执业）。詹智勇及时看到了这一充满希望的星火，大胆提出了在广州建设医师多点执业共享平台的设想。在公司董事会的会议上，许多董事提出了保留意见，大家认为虽然现在医师可以多点执业，但仍需要经过第一执业单位的批准才能实施，建立共享平台在时机上还不是很成熟。但凭借超强的敏锐感，詹智勇坚定地认为，既然医疗人力资源改革的序幕已经拉开，就不会停止，他相信进一步开放的医师多点执业改革很快就会来临（后来的事实是2017 年 4 月国家提出了全面放开医师多点执业）。他力排众议，指出应尽快开办共享平台，争取办成全国第一家。

在公司董事会上，詹智勇及时提出了三个重要建议：①成立项目筹备小组，寻找适合项目的地址；②项目定义为"门诊医疗综合体"，而非普通门诊部；③项目医疗用房面积要在 2 万平方米以上，才能满足未来的长远发展需要。后面的运营实践证明，这三个具有战略意义的建议成为后来项目在运营过程中战胜各种困难，走向成功的关键因素。

詹智勇领导筹备小组在一年多的时间里，走遍了广州市的各个角落，察看了近100栋建筑，却发现它们无一能满足项目的需求。就在接近失望的时刻，2016年秋天，一个偶然的机会让他得知了流花展贸中心9号馆（原广交会9号馆）将要招标放租的消息。詹智勇连夜召开了公司董事会，大家一致认为这个地址既方便专家又方便患者，是最适合不过的项目地址。公司项目筹备小组马上制定了周密的投标方案，终于在2017年1月成功取得流花展贸中心9号馆的租赁权。后来，项目被定名为"大医汇名医中心"。

为了保证项目能建设成具有国际水准的门诊医疗综合体，公司不仅聘请了广东省建筑设计院作为主创设计单位，还另外聘请台湾知名医院设计机构担任项目设计顾问单位，使整个大医汇名医中心的设计理念更加贴近现代医院的设计理念，更加贴近自然，贴近人性，贴近患者的需求。后来，大医汇名医中心的设计成果还在2018年亚洲建筑装修设计大奖赛中荣获医疗类设计一等奖。

詹智勇还及时提出了将商业模式设计融入装修理念中。在这一建议的指导下，中心的五层大楼被设计成五个医疗中心，将市场上独立运营的影像中心、名医工作室、体检中心、日间手术室分别设计在1~4楼，而把比较独立的儿童中心设计在5楼，使整个大楼在医疗流程上简单到极致，赏心悦目。2万平方米的医疗用房，146间诊室已成为中国最大的非住院门诊医疗综合体，也是亚洲最大的单体"医生楼"。

2017年12月26日，大医汇名医中心开始试运营，由此开创了中国共享医疗"先行先试"的先河。随着中国医师多点执业的进一步开放，大医汇名医中心的签约医师人数逐年增加，已从最初的200多名增加到现在的600多名。患者方面，从零患者开始，目前年服务患者达20余万名，并实现月营业收入1500万元的大突破。大医汇名医中心已成为名副其实的中国最大的医师多点执业共享医疗独角兽企业。

为了更好地服务患者，詹智勇创造性地提出了"要服务好患者，首先要服务好医生""找对医生看对病"的医疗新理念。紧跟共享经济的发展步伐，整合社会优质资源，搭建医师多点执业共享平台，建设中国医生集团最大航母，服务万千大众，是以詹智勇为主的川大人在新时代的宏大创举。

大医汇名医中心儿童中心

大医汇名医中心中医馆

放飞梦想，超越自我

从一个年轻的医学生到一个不断奋进的创业者，从简单的创业行为到与党和政府同频共振的实践活动，詹智勇的身上充分体现了川大学子质朴的爱国情怀。为国为民，是川大学子敢于创新的强大动力。释放医生劳动价值，服务岭南万千百姓，大医汇名医中心展现了新时代独特的大医风采，也是川大学子用实际行动实践党和政府对人民群众的关怀，实践"中国 2030 国民健康规划"的生动写照。"共享医生""共享医疗"已经成为时代发展的新趋势。

人生如白驹过隙，一转眼，当年勇敢的小医生也迎来了知天命的年纪。梦想，清晰可触，在实现梦想的路上拼搏数十年，道路两旁开满了鲜艳的花朵。汇名医，惠患者，绘未来，医生不仅仅是公立医院的独享资源，更是全社会的公共资源。"大医汇"不再只是一个愿景，它是每一个普通医生必须承担的社会责任，是川大学子身体力行的初心！

让"器官再生"指日可待

——记川大校友左为、张婷伉俪

‖人物小传‖

　　左为，1984 年出生于重庆江北区。2002 年考入四川大学，就读于生物技术专业。2006 年进入清华大学深造，取得生物学博士学位。后赴美国加州大学圣迭戈分校、新加坡基因组研究院开展博士后研究。2015 年，左为回国，入职同济大学医学院，成为同济大学生物医学系建系以来最年轻的教授、博士生导师。同年创立吉美瑞生医学科技有限公司，从事干细胞与再生医疗技术的创新开发和临床应用。2016年，启动全球首个基于干细胞的肺脏器官再生临床人体试验。2017年，承担科技部重点研发计划"干细胞及转化研究"项目，获国家2700万元经费支持，从而成为国家重点研发计划生物医学领域有史以来最年轻的首席科学家。

张婷，浙江杭州人，2002年考入四川大学，就读于工业设计专业。2011年取得清华大学生物学博士学位，后赴美国圣伯翰医学研究所开展博士后研究。现任吉美瑞生首席执行官，四川大学全球校友创业家联谊会华东创联副会长，美国癌症研究会（AACR）会员，新加坡干细胞学会（SSCC）会员，入选浙江省"钱江人才"、苏州工业园区科技创新领军人才。

成长之路

初见左为、张婷夫妇，是在吉美瑞生（Regend Therapeutics）公司办公楼里。这座小楼坐落在杭州市郊的青山湖畔，掩映在绿水青山之间，集干细胞研发车间与行政办公职能为一体。按他们夫妇俩的说法，这"是个清清静静做科研的好地方"。左为教授留着长发，戴一副黑框眼镜，眉宇间略带几分沉静，又颇有几分艺术家的潇洒气质。而出生在杭州的张婷博士容颜秀丽，举手投足间有十足的江南女子韵味。若不是宣传墙上的照片和奖状提示，旁人似乎很难将这对年轻夫妇与他们从事的再生医疗事业联系起来。

1984年，左为出生在重庆市江北区一个普通家庭。或许是因为从小在嘉陵江边无拘无束地成长，他养成了勇于突破、无拘无束的性格。初中时的他，一方面是经常考第一名的优等生，一方面又是经常因为不守课堂规矩而被老师批评的"捣蛋生"。升入重庆南开中学高中部后，这个不守规矩的男孩开始有所收敛，并开始对生物学课程产生浓厚的兴趣。在放学之后，同学们经常可以在地下一层的生物学实验室里看到他摆弄各种植物和动物标本的身影。

在高二那年的全国高中生生物竞赛中，经过理论和实验两轮角逐，左为获得了重庆赛区一等奖。用他自己的话说，"虽然那次参赛有'玩票'性质，但确实让自己和生物科技结下了不解之缘"。

正因为这段不解之缘，左为在高考第一志愿那一栏果断地填写了"生物技术"，也以远超录取分数线的成绩如愿被四川大学录取。与此同时，张婷则从著名的杭州市第二中学考入了四川大学，攻读工业设计专业，后转到计算机学院学习。2002 年，左为和张婷进入了四川大学吴玉章学院——这是川大对优秀本科生实施"拔尖创新人才培养"的荣誉学院，两人由此结缘。

在四川大学期间，两人的学业成绩都位列各自专业的榜首。但他们都不是传统意义上的"学霸"，而是将很多时间和精力投入到各种课余活动中，发展出了广泛的兴趣。左为当时担任了四川大学星地文学社社长，多次在校级文学刊物上发表文章。张婷则是四川大学日语协会的创始会长。由于在校期间的优异表现，左为获得了四川大学特等奖学金。

2005 年，左为初次展现出了其在科技创业领域的天赋。他主动与学校时任副校长张义正教授取得联系，希望对张义正教授研发的生物皮革脱毛酶技术进行商业开发。他与工商管理学院和生命科学学院的同学们一起做了大量的商业调研，写出了一份完整的行业研究报告和商业计划书。后来四川省举办"挑战杯"创业大赛，他们把这份计划书提交了上去，获得了银奖。

2006 年本科毕业后，左为、张婷均以各自所在专业第一名的成绩保送清华大学直博。左为师从细胞生物学领域的大师陈晔光院士，而张婷则攻读生物信息学方向。此后，两人又一起赴美国加利福尼亚深造，继续科研之路。左为在美国加州大学圣迭戈分校（UCSD），张婷在美国圣伯翰医学研究所，分别进行博士后研究。不同的是，在这期间，左为一直坚定地从事着细胞方面的研究，而张婷则在多个专业与研究方向之间"切换"，最终也进入了生物学领域。

2012 年是左为夫妇学术生涯中的一个重要转折点。左为经过再三权衡，离开了当时所在的美国诺贝尔奖得主实验室，前往新加坡发展，加入干细胞专家弗兰克·麦克奎安（Frank McKeon）实验室，真正开始了肺脏干细胞的研究。

在接下来的两年多时间里，左为夫妇和其他研究人员共同努力，终于在实验小鼠的肺部分离出干细胞，并植入另一只小鼠体内，生长出了新的肺。这一具有突破性的研究成果，于 2015 年 1 月发表在国际顶级学术期刊《自然》（Nature）上，并被多家医学杂志转载。左为和张婷分别为论文的第一和第二作者。同期的 Nature 杂志，还以"背靠背"的方式发表了另一篇结论几乎一模一样的论文，对左为的研究结论进行了佐证。

这一成果震惊了全世界，人体内脏器官再生的曙光出现了。

同年，在时任同济大学校长裴钢院士的力邀之下，左为、张婷夫妇登上了飞往上海的航班。

再生医学与干细胞

众所周知，人类部分组织器官本身就具有较强的自我修复与再生能力，例如皮肤、血液和肝脏等；而另一部分组织器官（包括心脏、肺脏等）的再生能力则相对较弱。衰老、外伤和感染等过程会对组织器官造成各种伤害，当伤害的程度超过组织器官的再生能力时，疾病就随之而来。再生医学（Regenerative Medicine）是应用生命科学、材料科学、临床医学、计算机科学和工程学等学科的原理和方法，研究和开发用于替代、修复、重建或再生人体各种组织器官的理论和技术的新型学科和前沿交叉领域。与传统医学着眼于消灭病原体和控制症状所不同的是，再生医学更多地着眼于恢复机体自身的结构和功能。

干细胞（Stem Cell）研究是再生医学的核心。干细胞是一类具有不同分化潜能，且在非分化状态下具有自我更新能力的细胞。干细胞的分化潜能在于它能选择性地表达一系列基因，从而将自身转变成为具有特定功能的细胞，且这种转变通常是不可逆的。例如，造血干细胞可以分化为红细胞和各种类型的白细胞，肝脏干细胞可以分化为肝细胞和胆管细胞，肺脏干细胞可以分化为支气管和肺泡细胞等。与此同时，干细胞又具有自我更新能力，从而能够在合适的环境下增殖。两者结合，使得干细胞具有让组织再生的功能。

细胞治疗是指提取有活力的人体细胞，经过体外操作后回输或植入人体，从而修复受损细胞的治疗方法。体外操作包括细胞在体外的传代、扩增、筛选乃至基因修改。细胞治疗技术早在 20 世纪 80 年代就开始被运用到血液疾病的治疗当中。目前骨髓细胞（或造血干细胞）移植的方法已经成为白血病治疗的金标准。其他较常用的细胞治疗方法包括针对血液病和实体肿瘤的免疫细胞治疗方法，以及胰岛细胞移植治疗糖尿病等。与传统的药物治疗不同，细胞治疗的最终制品不是某种单一物质，而是具有生物学效应的物质。由于细胞的来源通常是不同的个体，因此其制备技术及应用方案具有多样性、复杂性和特殊性。

全世界生物医学界都对干细胞研究倾注了极大的热情和资金，然而真正将干细胞技术运用到临床医疗上的项目却不多，而且绝大多数都是传统的脐带来源的间充质干细胞，像成体上皮组织干细胞这样的新一代干细胞技术可谓凤毛麟角。多项技术上的瓶颈导致成体上皮组织干细胞的临床应用在全球范围内都很难找到。

虽然成体上皮组织干细胞在每个人体内都有，但是想要把它分离出来，并且在体外做数量上的扩增却很困难，掌握这项技术的人非常有限，十多年来很少有人能够实现。另外，细胞在人的体内去到哪里，发挥什么样的作用，都没有人研究清楚；它们在人体内的安全性和可操作性，同样没有得到很好的研究和应用。

左为教授介绍说："再生医学和干细胞治疗技术目前是呈指数型发展，如果不抓紧时间在技术和市场上保持领先地位，很快就会被国外追上。我国生物医药新兴领域有弯道超车的机会，一定要加速发展。"

创业之路

虽然全球生物医学界都对干细胞研究高度关注，然而真正将干细胞技术运用到临床医疗上的却不多。

创业之前，张婷博士从事的是科学研究和项目管理的工作，但在她的内心，一直都有投身商业领域的想法。张婷说："当时国家提出了'大众创业，万众创新'的口号，可以说是给了我们一个很好的机会和平台，让我们有可能在创业这件事情上发光发热，发挥自己的能量。"而且在张婷博士的心中，一直有一个"中国梦"：提升中国的医疗水平，在某些领域赶上甚至超越西方。

与此同时，新加坡的一家风投机构正计划为左为教授投资，让他在新加坡成立生物科技公司。而国内的商业伙伴也邀请他回国开拓一片天地，其中包括左为的老同学游弋洋。"将干细胞治疗技术应用于人类疾病的治疗，不仅能提高人的寿命，也能提升病人的生活品质。"抱着这一信念，左为、张婷夫妇毫不犹豫地踏上了回国创业的征程，并一起成立了专注于干细胞和器官再生医疗的吉美瑞生医学科技有限公司，分别出任董事长和首席执行官。同时，左为还担任着同济大学医学院的教授。"任职高校教授，干着创业的事儿，虽然这两件事听起来挺矛盾，但实际上我们现在正在做的研究本身有着很高的临床应用价值、产业价值。反过来说，从事的产业工作也能推动基础研究进展。"左为说道。

与左为、张婷共同创业的，还包括毕业于四川大学的"亲师妹"马煜博士。马煜博士在中国科学院上海生命科学研究院获得博士学位之后，在美国斯坦福大学做博士后研究。一个偶然的机会，左为在网上结识了马煜，便力邀她回国加盟吉美瑞生。两人一拍即合，马煜很快便登上了回国的航班。

吉美瑞生是以研发为导向的医学科技公司。公司围绕再生医学相关产品基础研发、临床前开发、临床试验和商业化打造产业链，通过将最前沿的生命科学成果应用于临床细胞治疗和健康诊断等领域，推动科技成果的转化。吉美瑞生志在推动基于细胞治疗技术的第三次医疗革命，引领人类追求"再生医学让生命重新启航"的伟大梦想。公司坚持将创新精神融入公司基因中，以患者需求和科学驱动为原动力，发挥创造性，遵循严谨的科学评估。

位于杭州青山湖科技城的吉美瑞生公司

目前，吉美瑞生在呼吸系统干细胞与再生医学领域居于全球领先地位，是我国首批经国家卫健委、药监局项目备案注册，准许开展干细胞临床研究的企业，是国内为数不多的具有国家部门认可的干细胞临床资质的企业之一。"这就标志着我们的干细胞项目进入了国家队。"左为教授信心十足地介绍说。

公司拥有按药品生产质量管理规范（GMP）标准设计建造的"A＋B"级生产车间，生产线流程已通过 ISO9001：2008 质量管理体系认证。干细胞制剂通过中国计量认证（CMA）、中国合格评定委员会（CNAS）和 IAF（国际认可论坛）国际互认。公司核心从业人员具有国家卫计委临床试验管理规范（GCP）资质。吉美瑞生所有临床项目均严格遵照国家卫计委和药监局管理规定开展，并在美国国立卫生院临床试验（Clinical Trial）全球数据库注册备案。

吉美瑞生的科学家们，长期从事再生医学与干细胞的研究。他们发现利用特定的培养条件和方法，多种干细胞可以在 GMP 级别的超净间里成批扩增，数量可达起始量的数千万倍，同时还能保持干细胞的功能和特性不发生变化。这些干细胞能够以不同途径回输到患者体内，治疗各种组织损伤和退行性疾病。他们还在研究从不同类型的组织器官中（包括肺脏、子宫、肝脏、肾脏、前列腺、胃肠道和胰腺等）分离提取高品质的干细胞，为再生医学的临床应用提供支持。

与此同时，吉美瑞生的科学家们致力于新型细胞治疗技术的开发和改进。所有的细胞治疗技术在进入临床试验之前均经过了科学详尽的临床前研究，包括针对适应证相关的疾病动物模型研究。科学家们对细胞的治疗效果、作用机制、不良反应、合理的输入或植入途径和剂量等临床信息，以及细胞的体内存活、分布、归巢、分化和组织整合等生物学特性都进行了充分的论证，从而为治疗方案的安全性和有效性提供了足够的支持和依据。

在泌尿系统领域，吉美瑞生与南方医科大学侯凡凡院士团队、解放军三〇一医院陈香美院士团队合作，分别针对慢性和急性肾脏疾病，开启了肾脏干细胞与泌尿系统再生的临床前研究探索工作。该项目还获得了国家重点研发计划干细胞及转化医学专项的资助。这一国家级研发计划的课题负责人洪玥博士是在英国和美国留学十多年的"海归"，现在吉美瑞生担任研发总监职务。

在生殖系统领域，吉美瑞生和上海市第一妇婴保健院合作开展了子宫内膜干细胞与子宫修复的临床前探索工作，为攻克宫性不孕而努力。吉美瑞生还与中国科学院合作，进军肌肉干细胞和肌肉再生领域。该项目曾被中央电视台专题报道。

自 2015 年成立至今，吉美瑞生在再生医学领域所创造的革命性突破受到了全社会的广泛关注。科技部部长（时任科技部党组书记、副部长）王志刚同志和时任浙江省委书记车俊同志曾到吉美瑞生杭州青山湖科技城基地调研。

2017 年，吉美瑞生资助成立了非营利性的学术研究机构浙江省江南干细胞研究院（Kiangnan Stem Cell Research Institute），旨在推动干细胞领域的产学研转化和资本运作。同年，吉美瑞生与广州医科大学附属第一医院钟南山院士团队达成了战略合作协议，吉美瑞生华南地区中心（广州新美瑞生）也进入规划建设阶段。

吉美瑞生自成立以来，已经在上海、苏州、杭州、广州、重庆、南昌、济南等城市设立了分公司，并且与解放军三〇一医院、北京协和医院、上海瑞金医院、华西医院等国内十多家三甲医院建立了临床试验合作关系。公司目前涉足包括肺脏、肾脏、肝脏、子宫在内的多种器官的再生修复医疗，相关病种包括间质性肺病、慢性阻塞性肺病、支气管扩张、肾衰竭、肝硬化和宫性不孕等，在相关领域拥有或储备了十多项自主知识产权。

首次实现人体器官再生

干细胞是成人体内存在的一种原始细胞，具有自我增殖和分化成其他类型细胞的特殊能力。"这些少量而珍贵的干细胞在器官受伤之后可以被动员起来生成新的组织，自动完成修复再生功能。"干细胞科研的器官再生，听起来就像是普罗米修斯的神话。"虽然普罗米修斯被老鹰啄食内脏并不断再生是神话故事，但事实上，人体器官的确有一定的再生能力。近十年来的研究发现，器官再生的奥秘来自成人体内的干细胞。"左为教授介绍说。

目前我国各种肺部疾病正处于高发状态，肺部组织一旦遭破坏而发生纤维化，病情往往持续发展而无法逆转。然而，传统的药物只能减缓其纤维化的进程。利用干细胞移植再生肺脏成为全球医生和患者最大的希望和最后的希望所在。

2015年底，左为教授和时任同济大学附属东方医院的任涛主任医师合作，首次成功从支气管镜微量样本中分离到了几个肺脏干细胞。经过一个月左右的培养，几个干细胞成功扩增上千万倍，其质量和数量均达到临床可用级别。

2018年3月，左为教授团队的科研成果以封面文章形式发表于最新一期的《蛋白质与细胞》（Protein&Cell）杂志。这是世界上首次利用干细胞移植技术实现人类肺脏的再生，成功完成对两位肺病患者的临床治疗。这一论文的发表，震惊了全球生物医学界。

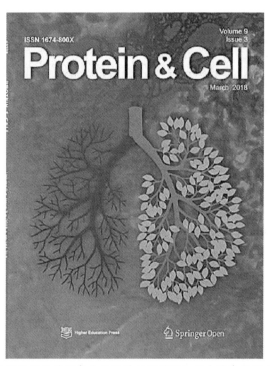

当期杂志的封面设计形象生动地展示了肺脏如枯木逢春般再生的情形

在此篇重磅论文发表之前，科学家们对于KRT5＋/P63＋双阳性的细胞是否具有再生肺泡的能力一直存在争议。特别是对于小鼠和人体研究中一些不一致的研究结果，全世界科学家们都感到十分困惑。而左为课题组的研究则系统地阐释了KRT5＋/P63＋双阳性细胞中的一个SOX9＋的亚群是真正具有肺泡再生能力的细胞，而这群细胞目前只在人体中存在。利用独创的肺干细胞分离培养、荧光标记加肺内移植技术，左为课题组首次成功地在免疫缺陷的小鼠肺脏中观察到人体肺脏再生的全过程。研究团队将培养出来的肺脏干细胞移植到小鼠受损的肺上，三周后观察发现，小鼠肺内纤维化损伤区域被新生的人体肺泡替代，小鼠的肺变得十分健康，几乎可称得上"重生"。研究人员还发现，只有来自人体肺部支气管的成体干细胞才具有再生肺脏的功能，而来自肺部其他部位的干细胞，都不具备再生肺组织的功能。

一系列动物实验的成功引起呼吸科医生和肺病患者的密切关注，他们迫切希望将这一新的肺干细胞移植与再生技术尽快应用于临床。经过充分的前期准备和长期观察，经医院学术和伦理专家委员会审议修改后通过，于 2016 年初启动第一批患者入组，在同济大学附属东方医院和解放军陆军军医大学附属西南医院同步开启了世界上首个基于干细胞的肺脏再生临床试验。

在临床试验部分，论文报道了全球首批两位接受肺干细胞移植的支气管扩张患者。两年后，两位患者的肺功能恢复良好，其中一位病情较重患者的支气管在 CT 上显示出了局部的逆转修复。两位患者均自述咳嗽、咯痰和气喘等症状出现改善。作为概念验证性研究（proof-of-concept），这一结果呈现出喜人的态势。

在期刊同期配发的评论文章中，美国德州医学中心吴军教授和中国科学院生物物理研究所刘光慧研究员对这一成果给予极高评价："该研究所展示的基础及临床数据具有重大价值，展现出了再生医学令人激动的前景"。针对这一重大突破性成果，美国胸科协会于 2018 年 3 月 28 日组织了在线专题研讨会，展开了热情洋溢的讨论。与传统会议不同的是，本次研讨会除了主持人和受邀专家之外，还通过互联网向全球直播。任何有兴趣的科学家或普通民众均可登录网站观看实况。左为应邀作为主讲人参加了本次研讨会，与多位国际专家共同讨论了最新发表的关于人体肺脏干细胞鉴定与干细胞移植临床试验等相关成果。

中央电视台、《光明日报》、《科技日报》、《中国日报》（*China Daily*）等诸多主流媒体也对这一成果进行了详细报道。

临床研究的具体主持者、西南医院呼吸科戴晓天教授发现，总体来看，这次干细胞移植是很成功的。"特别是我们能观察到治疗后患者肺功能的逆转，这是传统治疗方法无法达到的效果。"

上海市肺科医院呼吸科主任徐金富认为，许多肺部重大疾病目前都缺乏有效的治疗方法，左为团队的肺脏再生技术非常神奇，具有很好的临床前景。

同济大学医学院党委书记张军介绍说，"干细胞与再生医学"是近年同济医科发展的重中之重。左为教授团队的这一成果，是同济大学近年在干细胞及转化研究领域所取得的重要代表性成果之一。

其实除了论文中报道的两例患者之外，吉美瑞生还完成了数十例肺病患者的治疗，涉及多种适应证，整体上取得良好的效果。西南医院戴晓天教授讲述了一个令人印象深刻的案例：有一位女性患者是重庆人，患有支气管扩张，喜欢吃火锅。但多年来，她一直没法吃，因为一吃就咳嗽出血。通过干细胞技术治疗，她说现在自己可以吃火锅了，咯痰也不出血了。这让她非常高兴，也令左为教授非常兴奋。

"我非常能理解这位患者。我出生在重庆，不让重庆人吃火锅，那得多难受！现在经过治疗，她能吃火锅了，这就提升了她的生活品质。"在左为教授看来，很多病人因病导致生活品质下降，活得很累。

不仅是肺脏，吉美瑞生已在进行肝脏、肾脏、子宫等器官干细胞研究工作。"畅想一下，再过不久，我们就有能力用提取的干细胞在体外培养一个器官。当体内器官损坏时，就可以进行替换。"左为说道。

古今中外，人类一直在寻找"器官再生"的"密码"。随着现代生物科技在干细胞移植领域不断取得突破，这些曾经遥不可及的梦想，依靠以左为团队为代表的科学家持之不懈的努力，或许即将照进现实。

心路历程

张婷博士觉得，在创业这件事情上，自己是幸运的，因为"我们很快就融到了第一笔天使轮投资"。但机会向来只给有准备的人，左为、张婷的幸运绝非偶然。

从某种意义上说，吉美瑞生从事的是医学界具有颠覆性的专业，在肺脏再生领域，吉美瑞生团队已经取得了突破性进展，或许将彻底改变部分肺病原有的治疗模式。

"包括间质性肺病、慢性阻塞性肺病、支气管扩张等肺部疾病，传统的药物和治疗方式只能达到减缓肺功能下降的效果。"张婷解释说，"成体干细胞移植的优势在于，它可以逆转肺脏功能的减退，而不仅仅是减缓功能下降。干细胞可以长成新的肺泡或支气管，重建健康的脏器。"

目前，在成体干细胞移植技术肺脏再生领域，无论是从技术层面还是从临床应用层面看，吉美瑞生都是全球独一无二的团队。

或许正是基于用科学技术解决更多患者痛苦的初心，除了肺病治疗，针对肾脏、肝脏、子宫等多种器官的再生修复，吉美瑞生团队也在不断努力。经过对科研和临床工作的总结，吉美瑞生团队建立了人类再生医学资源储存项目。

进行人类再生资源储存，是团队从专业的角度进行多番考量后做出的决定。"包括个体的衰老和个体疾病的加重，都会对干细胞移植治疗产生影响。这些都是我们做干细胞储存的原因。这一项目主要是内脏器官干细胞存储，包括肺脏、肾脏、肝脏、子宫的干细胞存储。"推出干细胞存储细胞库这个被称为"生命银行"的项目，是为了治疗各大内脏器官的损伤疾病，比如尿毒症、肝硬化、支气管扩张等疾病，通过提前存储干细胞，让患者在需要的时候得到有效治疗。"当然干细胞的存储也会受到年龄的影响，年轻的时候会更健康更有活力。"左为教授解释说。

目前吉美瑞生已经和江西省签署了战略合作协议，即将在南昌投资 3 亿元资金，建设占地 15 亩的成人多器官干细胞资源库。一旦建成投产，该资源库可以满足十年内全中国成年人的干细胞存储需求。

作为干细胞移植领域的科研先驱和该技术在临床应用上的探路者，谈到目前最大的困难时，张婷思索片刻，说道："被器官病变折磨的患者不计其数，但一项技术最终实现临床应用，需要经过大量的研究探索和反复试验。所以对我们而言最大的困难是时间的紧迫。"随着相关政策的逐步出台与开放，张婷博士相信，不远的将来，干细胞移植技术会为更多患者带来希望。

而对于左为教授而言，最大的困难或许是每一个领域的先行者都必将经历的。"科技创新在为大多数人造福的同时，总会触动少数传统技术持有者的利益。所以无论怎样，总会有一些国内外利益团体的代言人躲在角落里对我们进行不负责任的攻击。刚开始我们也会难过，后来习惯了就好了。因为我们发现绝大多数的人是站在我们背后支持着我们的。这给了我们足够的信心、勇气和动力。"

左为教授在实验室指导研究工作

左为、张婷夫妇表示，吉美瑞生最大的理想是在将来的某一天，人类可以像汽车换零件一样更换自身器官。"我相信人类总有一天能实现这个目标。目前吉美瑞生在肺脏方面已经向这个目标靠拢，肺脏再生已经基本实现。"此外，吉美瑞生计划打通上下游产业链，上游提供细胞制剂，下游与医院合作进行临床治疗。"我们希望能成为全球最大的细胞工厂，为各个器官的修复提供干细胞材料。"

2018 年，吉美瑞生已启动干细胞新药向国家药监局申报的流程，有望做出中国第一个干细胞新药，和全球第一个针对呼吸系统疾病的干细胞新药，可为中国一亿多肺病患者带来健康的希望。包括北京协和医院和广州医科大学附属第一医院在内的医院专家将牵头组织规范的随机对照临床试验（RCT），深入研究肺干细胞在慢阻肺和特发性肺纤维化等疾病治疗中的效果。

同年，左为教授和张婷博士，应香港证券交易所总裁李小加博士的邀请，赴港参加港交所生物高科技公司闭门会议，启动公司上市相关计划筹备工作。

与此同时，来自肺病和肾病患者的求助信息，正以电子邮件、电话、微信、快递信件等各种不同的方式，从全世界四面八方汇集到左为的面前。一位智利的肺病患者特别委托他的儿子，带着家乡特产红酒和一颗殷切期盼的心，不远万里乘机来中国拜访左为教授。而德国前总理施罗德，也把一封亲笔签名的求助信寄到了左为的办公室，希望吉美瑞生给他的一位好朋友进行干细胞治疗。

"现在最大的问题就是时间不够用。"左为笑言，"研发成果早一天出来，患者就可以早一天获益。光靠我个人加班工作肯定是不够的，我们特别希望有更多的人可以加入这一对抗疾病的征途。而真正实现人体全面再生的目标，光我们这一代人都是不够的，需要下一代人、下下一代人的共同努力。"

谈到下一代，左为教授与张婷博士的女儿有个有趣的英文名字，叫"Gene"（基因）。"知识、技能和愿景都是像基因一样需要被传承的。我们希望她能女承父业，继续从事生物医学研究。"左为说道。